文旅融合视角下
的旅游演艺发展研究

张建荣　著

吉林大学出版社

·长春·

图书在版编目（CIP）数据

文旅融合视角下的旅游演艺发展研究 / 张建荣著
. -- 长春：吉林大学出版社，2021.3
ISBN 978-7-5692-8082-1

Ⅰ. ①文… Ⅱ. ①张… Ⅲ. ①旅游资源开发－表演艺
术－研究－中国 Ⅳ. ①F592.3

中国版本图书馆 CIP 数据核字(2021)第 047315 号

书　　名　文旅融合视角下的旅游演艺发展研究
　　　　　WENLV RONGHE SHIJIAO XIA DE LVYOU YANYI FAZHAN
　　　　　YANJIU
作　　者　张建荣　著
策划编辑　邹燕妮
责任编辑　赵　莹
责任校对　魏丹丹
装帧设计　押晓峰
出版发行　吉林大学出版社
社　　址　长春市人民大街 4059 号
邮政编码　130021
发行电话　0431-89580028/29/21
网　　址　http://www.jlup.com.cn
电子邮箱　jdcbs@jlu.edu.cn
印　　刷　北京厚诚则铭印刷科技有限公司
开　　本　787 毫米×1092 毫米　1/16
印　　张　11
字　　数　215 千字
版　　次　2022 年 1 月　第 1 版
印　　次　2022 年 1 月　第 1 次
书　　号　ISBN 978-7-5692-8082-1
定　　价　58.00 元

前　言

　　文旅融合既是当下我国旅游产业发展的一个重要模式,也是一种主要趋势。这种发展模式不仅能够有效满足旅游者多元化的旅游需求,而且在推动旅游演艺市场优化、旅游目的地经济发展、旅游演艺产品社会知名度的提高等方面都有着重要的意义。基于文旅融合视角对旅游演艺发展进行研究,能够为深挖文化产品内涵,寻求新的文化呈现形式提供思路,也能够为旅游演艺自身的发展指明方向,以便促进我国旅游市场的不断完善,为社会经济发展助力。

　　近年来,我国的旅游演艺市场快速发展,旅游演艺产品异彩纷呈,为整个旅游市场注入了新的发展活力,但由于受诸多因素的影响,我国旅游演艺发展的活力并未全部激活,影响了我国旅游市场整体的发展态势。鉴于此,笔者撰写了《文旅融合视角下的旅游演艺发展研究》一书,在详细阐述文旅融合相关内容的基础上,对旅游演艺的发展进行了有益的探索,以期为我国旅游演艺的发展以及旅游演艺的相关研究提供参考和借鉴。

　　本书共包括六章内容。第一章是绪论,主要阐述了文旅融合的相关内容,包括文旅融合的政策背景、文旅融合的发展现状、文旅融合的新认知与发展诉求、文旅融合的发展模式与路径;第二章是旅游演艺概述,首先对旅游演艺的含义与分类进行了阐释,其次分析了旅游演艺的艺术特征,再次简要论述了旅游演艺的发展历程,最后探讨了旅游演艺的影响因素;第三章是文旅融合视角下旅游演艺的空间布局,首先阐述了旅游演艺的空间结构,其次分析了旅游演艺空间分布的变化,再次讨论了旅游演艺空间分布的驱动力,最后探讨了旅游演艺空间布局优化;第四章是文旅融合视角下旅游演艺产品的开发与营销,主要包括三部分内容,即旅游演艺产品的属性与特点、旅游演艺产品的开发以及旅游演艺产品的营销;第五章是文旅融合视角下旅游演艺发展环境的优化,重点分析了两个方面的内容,分别是旅游演艺发展环境分析、完善旅游演艺发展环境的路径;第六章是文旅融合视角下旅游演艺经典案例分析,首先分析了实景类旅游演艺经典案例,其次分析了主题公园类旅游演艺经典案例,最后分析了剧场表演类旅游演艺经典案例。

　　本书在编撰过程中参考与借鉴了多位国内外专家、学者关于文旅融合与旅游演艺方面的研究成果,在此向他们表示衷心的感谢!由于个人研究时间与能力水平的限制,书中难免存在不妥与疏漏之处,恳请广大同仁、读者批评指正。

张建荣

2020 年 12 月

目 录

第一章　绪论

文化产业与旅游产业的融合是我国当前产业发展的一个重要趋势,本章首先讨论了文旅融合的政策背景,其次分析了文旅融合的发展现状,再次阐述了文旅融合的新认知和发展诉求,最后探究了文旅融合的发展模式和路径,为后文旅游演艺的发展研究奠定基础。

第一节　文旅融合的政策背景

文旅融和发展的理念很早就已经融入了各地旅游开发的活动中,在这一理念的指导下,文旅融合的相关项目也取得了不错的成就。近些年,国家十分重视文旅融合,陆续出台了许多文旅融合相关的政策或文件,为文旅融合的发展起到了指导、规范与促进作用。表 1-1 是近年国家发布的与文旅融合相关的政策或文件,下面将这些政策与文件进行具体解读。

表 1-1　近年国家发布的与文旅融合相关的政策与文件

时间	发布主体	政策或文件
2009 年	文化部和国家旅游局	《关于促进文化与旅游结合发展的指导意见》
2014 年	国务院	《关于促进旅游业改革发展的若干意见》
2015 年	国务院	《关于进一步促进旅游投资和消费的若干意见》
2016 年	国务院	《"十三五"旅游业发展规划》
2017 年	文化部	《文化部"十三五"时期文化产业发展规划》
2017 年	文化部	《"十三五"时期文化扶贫工作实施方案》
2018 年	国务院	《关于促进全域旅游发展的指导意见》
2018 年	全国人大	《国务院机构改革方案》

一、《关于促进文化与旅游结合发展的指导意见》

2009年,文化部和国家旅游局发布了《关于促进文化与旅游结合发展的指导意见》,"意见"高度重视文化与旅游的结合发展,认为当前文化与旅游结合发展具有合作领域不宽广、合作机制不顺畅、政策扶持不到位等问题,因此必须实现文化与旅游的深度融合。"意见"就推进文化与旅游的深度融合提出了许多措施,下面就部分重要措施进行简单阐述。

第一,打造文化旅游系列活动品牌。文化部和国家旅游局决定从2010年开始,每四年推出一个中国文化旅游主题年,每两年举办一届中国国际文化旅游节,每两年公布8~10个地方文化旅游节庆活动扶持名录。

第二,打造高品质的旅游演艺产品。文化部和国家旅游局主张对现有的旅游演艺资源进行整合,引导并鼓励社会资本参与到旅游演艺行业中,积极挖掘旅游演艺文化内涵,提升演艺创意,打造出优秀的旅游演艺活动产品。

第三,深度开发文化旅游工艺品。各个文化与旅游相关企业要结合旅游地的文化特色来有创造性地开发文化旅游工艺品,做好对旅游品牌形象的深度挖掘工作,同时也要积极拓展旅游品牌的产业链。

第四,积极培育文化旅游人才。文化部与国家旅游局联合编制了文化旅游人才培训规划,确立一批文化旅游实践基地和文化旅游人才培养院系。同时,文化部与国家旅游局也定期组织开展文化旅游从业人员业务培训工作。

第五,积极举办文化旅游项目推介洽谈会,为文化企业与旅游企业的合作提供平台,鼓励文化企业与旅游企业合作,实现优势互补与资源共享,促进合作程度的深化。

第六,建立完善且规范的文化旅游市场经济秩序监督机制,积极开展联合执法,做好日常监督工作,加大对各种不法行为的打击力度。

第七,做好对文化旅游结合的组织领导工作,不断完善工作机制,成立专门的文化与旅游合作发展领导小组。

二、《关于促进旅游业改革发展的若干意见》

2014年,国务院发布了《关于促进旅游业改革发展的若干意见》,"意见"认为促进旅游业的改革与发展是当前社会发展的必然要求,具有保民生、促就业、促进中西部发展、推动贫困地区脱贫的重要作用。"意见"提出了许多促进旅游业改革发展的措施,大致包括以下几点。

第一,树立科学的发展观念,既要创新发展理念,也要加快转变旅游业的发展方式。具体来说,坚持深化改革,坚持融合发展,坚持以人为本,依法发展旅游业,实现旅游业发展与农村现代化、城镇化等的融合,重视旅游产业的转型升级。

第二,增强旅游的发展动力,转变政府职能,进一步简政放权,促进区域旅游一体化,同时积极拓展境外旅游市场。

第三,拓展旅游发展的空间。一方面要积极发展休闲度假旅游,做好度假旅游的基础设施建设工作,同时要完善服务功能;另一方面要大力发展乡村旅游,各个乡镇政府及其相关部门要根据当地的区位条件,寻找特色资源,把握市场需求,对当地的文化资源进行深度挖掘与合理利用,同时借助当地的生态优势来突出自身的特色,创造性地开发出具有鲜明特色的、丰富多样的乡村旅游产品。此外,推动乡村旅游和新型城镇化的有机结合,利用当地的古镇、村寨等建设旅游小镇,保持传统的乡村风貌,同时规范乡村旅游开发建设,做好乡村旅游从业者的培训工作。

第四,优化旅游发展环境,不断完善旅游交通服务、加强市场诚信建设、规范旅游景区门票价格,同时也要采取多种措施来保障旅游安全。

第五,完善旅游发展政策,切实落实职工带薪休假制度,做好旅游基础设施的建设工作,优化土地利用政策,做好旅游人才队伍的建设工作,同时也要从财政金融方面予以旅游业一定的支持。

三、《关于进一步促进旅游投资和消费的若干意见》

2015年,国务院办公厅发布了《关于进一步促进旅游投资和消费的若干意见》,指出要做到以下几点。

第一,不断增强基础设施建设水平,改善旅游消费环境。具体包括以下几个方面的内容:①不断改善旅游消费软环境,提升旅游产品质量与服务标准,规范旅游经营服务,整治旅游市场秩序;②做好景区周边的道路与停车场的建设工作;③做好旅游厕所建设工作。

第二,多方促进旅游投资,拓展旅游业消费市场,具体可以从以下几点入手:①促进自家房车营地建设与游轮旅游的发展;②推进旅游装备制造业的发展,鼓励游轮游艇、旅游房车、景区索道等设施装备制造业发展;③大力开发休闲度假旅游产品。

第三,多方促进激发旅游消费,培育新的消费热点,具体来说,要丰富提升特色旅游商品,支持研学旅行发展,大力推进老年旅游发展,并积极发展中医药健康旅游。

第四,实施乡村旅游提升计划。具体来说做好以下工作:①完善休闲农业和乡村旅游的基础设施建设,到2020年,建成的乡村旅游模范村数量要超过6000个;②重视乡村旅游的个性化与特色化发展,以乡村自身的资源特色与环境优势为基础来深入挖掘乡村文化的内涵,开发多样的乡村旅游产品,举办独具特色的节庆活动;③大力推进乡村旅游扶贫,做好对贫困村旅游项目的规划指导与专业培训,到2020年,要借助乡村旅游带动200万农村贫困人口脱贫。

第五,优化休假安排,以不断激发旅游消费需求,具体措施如下:①落实职工带薪休假制度;②提倡错峰休假;③提倡弹性作息。

第六,加大改革创新力度,做好以下工作:①加大政府扶持力度;②不断开拓旅个游企业融资的渠道。

四、《"十三五"旅游业发展规划》

2016年12月,国务院印发了《"十三五"旅游业发展规划》。该文件的大致内容如下。

第一,对"十二五"我国旅游业发展取得的成果进行总结,指出旅游业在我国的战略性支柱产业的地位已基本形成、我国旅游业国际地位与影响力大幅度提升、对于旅游业相关的现代治理体系基本建立。

第二,指出了"十三五"期间旅游业发展的机遇,认为我国全面建成小康社会的目标、持续推进供给侧结构性改革以及外部环境的改善为我国旅游业发展提供了机遇。

第三,指出了"十三五"期间我国旅游业发展的趋势,认为我国旅游业发展的趋势有五个,包括消费大众化、国际需求品质化、竞争国际化、发展全程化与产业现代化。

第四,指出了"十三五"期间我国旅游业发展提出了新要求,发展要遵循的基本原则是五个坚持,即坚持市场主导、坚持改革开放、坚持创新驱动、坚持绿色发展、坚持以人为本;指出了"十三五"期间我国旅游业发展的目标,即实现旅游经济的稳步增长、促进综合效益的提升、大幅度提升我国的国际影响力等。另外还制定了指出了"十三五"期间我国旅游业发展的主要指标。具体如表1-2所示。

表 1-2 "十三五"期间我国旅游业发展的主要指标

指标	2015 年实际指数	2020 年规划数	年均增速（%）
国内旅游人数（亿人次）	40	64	9.86
入境旅游人数（亿人次）	1.34	1.50	2.28
出境旅游人数（亿人次）	1.17	1.50	5.09
旅游业总收入（亿人次）	4.13	7.00	11.18
旅游投资规模（亿人次）	1.01	2.00	14.65
旅游业综合贡献度（%）	10.8	12.00	/

第五,指出应利用创新促进旅游业的发展,做到以下几点:①要推进理念创新,构建旅游业发展的新模式;②实现创新,扩大旅游新供给,要做好精品景区的建设工作,加大对休闲度假产品的开发力度,大力发展乡村旅游,促进红色旅游发展水平的提升,推动自驾车旅居车旅游发展,大力发展海洋旅游、冰雪旅游、低空旅游等。

第六,推动业态创新,实施"旅游+"战略,发展旅游+城镇化、旅游+新型工业化、旅游+农业现代化、旅游+现代服务业。

第七,提升旅游业的发展质量,具体从以下几点入手:①强化跨区域城市群,发展京津冀城市群、长三角旅游城市群等;②培育跨区域特色旅游功能区,部分特色旅游功能区具体如表 1-3 所示;③推进特色旅游目的地建设,建设有特色的山岳旅游目的地、海岛旅游目的地、草原旅游目的地、民族风情旅游目的地、古村落旅游目的地等。

表 1-3 部分特色旅游功能区

特色旅游功能区	涉及地区
香格里拉民族文化旅游区	四川、云南、西藏
太行山生态文化旅游区	北京、河北、山西、河南
武陵山生态文化旅游区	湖北、湖南、重庆、贵州
长江三峡山水人文旅游区	湖北、重庆
大别山红色旅游区	安徽、河南、湖北
中原文化旅游区	河南豫中、陕西关中、山西晋中地区
海峡西岸旅游区	浙江、福建、江西、广东
滇黔桂民族文化旅游区	广西、贵州、云南

续表

特色旅游功能区	涉及地区
六盘山生态文化旅游区	陕西、甘肃、青海、宁夏
秦巴山区生态文化旅游区	河南、湖北、重庆、四川、陕西、甘肃
罗霄山红色旅游区	江西、湖南
乌蒙山民族文化旅游区	云南、贵州
北部湾海洋文化旅游区	广西、海南

第八，做好基础设施建设，不断提升公共服务的水平，并逐步提升旅游要素水平，以促进产业结构的优化升级。

第九，坚持绿色发展，有效提升旅游生态文明价值，提倡绿色旅游消费、进行绿色旅游开发、重视旅游环境保护、创新绿色发展机制。

五、《文化部"十三五"时期文化产业发展规划》

2017年，文化部印发了《文化部"十三五"时期文化产业发展规划》。该"规划"对我国"十三五"期间文化产业发展进行了细致规划，指出发展文化产业是满足人们多样化的需求，提升人的幸福感与参与感，提升我国文化软实力的重要途径。该"规划"还指出我国的文化产业发展面临着许多问题，我们要树立文化自信，增强文化自觉，不断进行文化创新，准确把握文化产业发展的新业态。具体来说，《文化部"十三五"时期文化产业发展规划》包括以下几个方面的内容。

第一，我们要树立贯彻新理念，明确发展的新要求，坚持社会主义核心价值观的正确导向，坚持以满足大众多元的精神文化需求为基础，尊重文化企业的市场主体地位，不断激发社会文化的创造活力，同时支持文化与其他产业的跨界融合，统筹城乡、区域文化产业的发展。

第二，我们要促进供给侧结构性改革，具体要从以下几点入手：推进"互联网＋""文化＋"，推动文化与相关创业的融合，培养新业态，促进文化产业的转型升级，并积极推动文化与相关产业的融合发展，实现文化产业结构优化升级。

第三，我们要优化发展布局，一是要加强文化产业区域布局，二是要统筹城乡文化产业发展，三是要借助特色产业助力脱贫攻坚。

第四，要培养、壮大各类市场主体，增强发展内生动力，具体来说可以从以下几点入手：①培育一些具有突出市场竞争力的领军文化企业；②大力支持中小微文化企业的发展;③做好对各类文化产业园的规范和管理工作,推进国家级文化产业园的建设。

第五,扩大内容与有效供给,具体要做到以下几点:①重视文化品牌的建设;②振兴传统工艺;③大力支持文化创意产品的开发;④实现文化产品与服务供给方式的创新;⑤做好对文化产品创作与生产的引导工作。

第六,不断健全投资与融资体系,以激发投资活力,具体要扩展社会资本的进入领域,创新融资的方式,优化融资服务。

六、《"十三五"时期文化扶贫工作实施方案》

2017年,文化部发布了《"十三五"时期文化扶贫工作实施方案》,指出到2020年,我国贫困地区文化发展总体水平要达到全国平均水平,要完成如图1-1所示的几个目标。

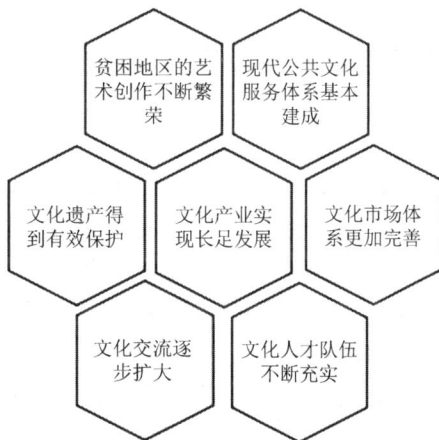

图1-1　要实现的目标

该方案主要提出了八项任务,具体如下。

第一,促进贫困地区的艺术创作,倡导各地开展精准扶贫主题创作,推动文化部直属院团与贫困地区基层文艺团体开展结对帮扶。

第二,不断加强贫困地区公共文化服务卫生体系建设工作,做好以下几点:①实现贫困地区综合文化服务中心覆盖工程;②促进贫困地区设备的完善,积极购置各种文化设备;③提高公共文化服务效能;④做好公共数字文化建设。

第三,不断促进贫困地区文化遗产保护与利用水平的提升,做好以下几个方面的工作:①做好贫困地区文物保护工作;②促进贫困地区博物馆公共服务水平的提升;③不断促进非物质文化遗产保护与利用水平的提升;④积极建设文化生态保护区。

第四,不断推进贫困地区文化产业的发展,鼓励贫困地区发展特色文化产业,推动贫困地区数字文化产品创作,支持贫困地区文化产业项目建设。

第五,维护并推进贫困地区文化市场的健康发展,促进贫困地区市场综合执法队伍的建设,积极开展文化市场专项整治,不断推进贫困地区上网服务行业的转型与升级。

第六,促进贫困地区文化的交流,不断增加贫困地区文化交流的渠道,推行汉藏文化交流项目。

第七,做好贫困地区的人才队伍建设,加大对文化干部的教育与培训,贯彻落实"三区计划"文化工作者专项计划。

第八,切实落实文化部定点扶贫工作,做好山西省娄烦县、静乐县的文化扶贫工作。

七、《关于促进全域旅游发展的指导意见》

2018年,国务院办公厅发布了《关于促进全域旅游发展的指导意见》,"意见"中指出,当前旅游已经成为了国民经济的战略性支柱产业,发展全域旅游对提升旅游业的现代化、集约化、国际化水平是具有重要的作用的,而促进全域旅游发展的目标是实现旅游发展全城化、旅游供给品质化、旅游治理规范化与旅游效益最大化。"意见"中还指出,我们要促进区域旅游发展,需做好以下几个方面的工作。

第一,促进旅游产业与其他产业的融合发展,实现旅游产品供给的创新,具体要做到以下几点:①促进旅游和农业、林业等的融合,发展观光农业、休闲农业,建设森林公园、湿地公园等;②促进旅游和交通、环保、海洋、气象等的融合发展,推出多种形式的旅游产品;③促进旅游与城镇化、工业化等的融合发展,建设旅游小镇,利用工业园区发展工业旅游;④促进旅游与科技、文化、体育等的融合,发展科技旅游、文化旅游、体育旅游等。

第二,做好旅游服务工作,促进游客满意度的提升,具体要做到以下几点:①完善服务标准,提升服务品质;②利用先进的技术手段推进服务的智能化;③推出优质的旅游服务品牌,建立优质旅游服务商名录;④加强导游队伍建设,做好权益保护工作,促进导游服务质量的提升。

第三,完善基础配套措施,从整体上提升公共服务的水平,具体要做好以下几个方面的工作:①推进"厕所革命",提高公共厕所的管理水平,确保公共区域厕所数量充足、干净、免费、实用;②完善交通运输体系,建设通达的交通网络。

第四，重视环境保护工作，推进共建共享，具体来说要做好以下工作：①做好旅游知识宣传工作，强化旅游惠民便民服务；②加强对资源环境的保护工作，在发展旅游的同时要重视对文化资源的保护；③做好旅游扶贫和旅游富民工作，实施乡村扶贫工程，提高旅游扶贫精准度。

八、《国务院机构改革方案》

2018年，《国务院机构改革方案》通过，该方案提出要组建文化和旅游部，同时指出统筹规划文化事业、文化产业、旅游业等的发展是文化与旅游部的重要职责之一。文化和旅游部的建立是我国战略思维统筹文化与旅游融合发展的重要标志，对我国文化产业与旅游产业的融合发展具有举足轻重的意义。这也是我国文化产业与旅游产业融合的重要政策背景。文化和旅游部的成立的意义具体有以下几点。

（一）有助于文化旅游资源的统筹管理

长久以来，多头管理一直是我国文化与旅游资源管理的一个重要问题。如一个文化类型的景区，需要接受文化部门与旅游部门的双重领导，而这两个部门在制定某些政策时，往往会从本部门的角度出发。此外，他们在对景区进行管理时，也会采取不同的管理方式，对同一旅游资源的开发与利用的方式也会有一定的差异。这些都会造成管理方面的分歧，显然是不利于文化与旅游资源发展的。文化和旅游部的成立，能够有效避免多部门领导的问题，消除部门之间难以有效沟通的问题，实现文化与旅游在政府层面的有机结合，实现文化与旅游资源的统筹管理，从而为文旅产业的发展创造良好的环境。

（二）有助于提升旅游的文化内涵与品质

随着我国游客经济实力与文化水平的提升，他们对旅游有了更高的要求，不仅重视游览参观，也重视旅游过程中的精神体验，对精神文化方面的需求更加旺盛。旅游业要实现长远发展，需将文化元素融入旅游活动中，赋予旅游产品丰富且深刻的文化内涵。而文化和旅游部的成立则能够为旅游产业的发展注入活力，有效提升旅游的文化内涵与品质，促进旅游业的转型升级。

（三）有助于用旅游的方式激化并传播文化

虽然我国具有浓厚的文化底蕴与丰富多彩的文化，但是我国的文化产业在发展过程中一直存在着诸多问题，如经营模式单一、缺少创新等，导致文化产业发展态势相对不佳，很难开发出游客喜闻乐见的文化产品。

我国的旅游产业市场敏感度较高，当文化部和国家旅游局合并重组之后，文化产业能够借助旅游产业对市场的敏感度来开发出旅客喜爱的产品，从而有效提升自身的竞争力，而旅游产业也能借助文化来丰富自身的底蕴，增添特色，提升自己的竞争力。同时，文化要走出去需要一定的渠道和桥梁，旅游的发展正好可以作为文化传播的途径，游客在旅游时会潜移默化地受到当地文化的影响，在旅游的过程中也会将本地区的文化带到旅游地，这对文化的传播有着十分重要的意义。

第二节　文旅融合的现状

经过数十年的发展，当前，我国的文旅融合态势相对较好，总体上呈现出蓬勃发展的趋势，概括而言，当前我国的文旅融合有以下特点。

一、文旅项目投资主体日益多元化

近年来，我国的旅游业发展态势良好，再加上我国出台了各种有助于文化产业与旅游产业发展的政策，文旅投资成了社会的投资热点，吸引了各种投资主体。就当前而言，文旅投资的主体主要有五种，具体如图 1-2 所示。这五个主体在文旅产品投资与开发过程中的特点是不同的。下面将对这五个主体进行具体分析。

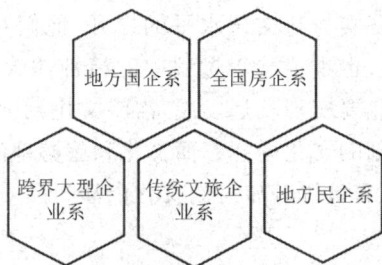

图 1-2　文旅项目投资的主体

（一）地方国企系

地方国企系投资主体的优势是在资源统筹方面表现相对较好,且很容易获得融资,不足之处是其运营管理思路不佳,缺少专业化和市场化的思维。当前,我国有许多省市明确指出,要将旅游产业打造成为推动经济发展的战略性支柱产业,为了完成这一目标,省级旅游投资公司、市级旅游投资公司不断成立。这些省级市级的旅游公司成立之后,使用多种方式来整合地方的优质旅游资源,打造优势景区,提升旅游服务质量,从而实现本地旅游产业的发展进步。这一做法有效实现了当地旅游资源与融资的统筹与整合,将过去单一的、分散的景点进行了整体的规划,使之成为一个整体,这对当地旅游的整体发展是十分有益的。但是地方国企缺少专业化、市场化的理论和思维,由此也就无法形成市场化的消费业态,这也是其需要注意的短板。

以鄂投旅为例。该公司是由湖北政府和国资背景大型公司共同出资成立的,资金总额高达 500 亿元,开发路径是创造核心吸引物并延展产业链,目的是打造有影响力的文旅产品,带动本地区旅游的发展。成立之后,鄂投旅投资了 10 多亿元,对重点景点进行升级改造,包括武侯祠、植物园、广德寺、草庐剧场等景点,致力于对景区的公共设施与周边环境的改善,创建了一些 5A 景区。但是在业态规划布局方面,一些具有创新意义的衍生产品却相对较少,如缺少旅游创意休闲类、度假类等项目。

（二）全国房企系

由于文旅产业发展态势良好,再加上国家政策的支持,文旅产业成了重要的经济增长点,许多房企十分看好文旅产业的发展,并着手投资文旅产业。根据统计,截至 2017 年,已有 70% 的房企投资了文旅产业,由此全国房企系也是文旅产业投资的一个重要主体。

由于不同的房企其产品理念、资源等不尽相同,各大房企做投资的文旅项目的类型也是丰富多样的,表 1-4 为一些知名房企投资的文旅项目类型。

表 1-4　一些知名房企投资的文旅项目类型

房企名称	文旅项目类型
恒大	主题乐园型
新华联	文旅小镇型
复华	景观依托型
今典集团	度假酒店型

这些大型房企的资金实力非常雄厚,具有丰富的土地开发经验和景观设计的良好基础,营销能力也很强,它们投资文旅产业,一方面能够与政府资源方等做好对接,促进文旅项目在全国范围内的签约,另一方面能够通过投资参股或内部培训的方式,构建文旅业态内容体系。需要注意的是,大部分的房企营收仍然是以房地产售卖为主,文旅产业营收占比很小,其原因是它们缺少对文化旅游产业经营与管理的经验,运营能力有待提升。

以山水文园集团为例。山水文园集团在 2011 年开始开发北京金海湖度假区,这一度假区以北京水域面积最大的湖区为基础,涵盖了高端酒店、民宿、水上游乐、游艇等各种旅游产品,种类繁多,但是其经营效果却不甚理想,旅游产品的运营管理与服务品质还需要提升。

（三）地方民企系

文旅产业的发展潜力也吸引了地方民企系的投资,当前越来越多的民企开始进行文旅产业的投资,以跟上文旅产业发展的势头,从而获益。相比较来说,地方民企在旅游投资项目上往往会深耕一个项目,而且它们也很擅长处理与当地居民的关系,这对促进当地旅游业的发展以及旅游扶贫具有积极的意义。但是由于旅游投资项目的周期相对较长,回报慢,民营企业融资成本相对较高,地方民企投资文旅项目时,很容易因资金链断裂而使项目"猝死"。这就要求民营企业重视资金问题,多和外部投资商对接,不断拓宽融资渠道。

以三清山文旅股份有限公司为例。三清山文旅股份有限公司从 2011 年开始在三清山脚下布局"中国道教文化园项目",历经数年建成了高端酒店、仿古商街等,同时还打造了大型情景舞剧《天下三清》,使三清山形成了"山上旅游观光,山下休闲体验"的格局,促进了三清山景区的转型,同时也为当地带来了许多就业机会,促进了当地经济的发展。

（四）传统文旅企业系

传统文旅企业具有多年文旅行业的投资经验,凭借自身经验与敏锐度,其可以快速准确地把握市场发展趋势以及游客喜好,从而投资运营出许多优质文旅项目。有很多优秀的文旅企业,凭借多年的市场积累和经验,形成了成熟的团队,具有突出的品牌与管理输出能力。依靠运营获利的文旅项目,在前期通常要进行大量的市场考察、系统的规划与人员的培训。由此传统文旅企业的开发周期是比较长,他们通常会先专注一个项目,市场认可这个项目之后再向其他地域扩张。

以宋城集团为例。宋城集团从事旅游行业多年,经验丰富,发展模式完善,当前有现场演艺与旅游休闲两大业务体系。就现场演艺业务而言,1996年宋城集团开始投资建设宋城景区,经过一段时间的发展,宋城项目取得了巨大的成功。在宋城项目成功之后,直到2013年,宋城集团才开始在三亚建造千古情景区。就旅游休闲业务而言,宋城集团的《炭河千古情》项目在湖南成功运营一段时间之后,该集团又在宜春、新郑等地开展"千古情"项目,宜春为《明月千古情》,新郑为《黄帝千古情》。

（五）跨界大型企业系

旅游产业与其他产业的融合是当前旅游发展的一个重要趋势。当前农业、工业、生态园林等许多领域的企业开始借助文旅产业来发挥自身的优势,跨界进入文旅产业,希望实现旅游业嫁接,从而形成新的增长点。如华谊兄弟围绕影视资源投资了电影小镇。其他行业的企业投资文旅项目,能够有效发挥多产业的协同效应,为文旅产品的发展提供资金支持。需要注意的是,文旅产品企业要实现发展,必须注重体验与运营,跨界大型企业应注意旅游产品与其自身主营产品在运营方面的区别,做好旅游产品的运营与管理工作,为游客提供优质的服务。

以探路者集团为例。探路者集团的主要产品是户外装备,从2013年开始,探路者开始从户外用品生产商向户外综合运动服务商转变。2017年探路者旅行西霞口海滨户外运动营地开营,该营地具备餐饮、独栋帐篷、海上娱乐、运动休闲等设施与项目,是户外装备和旅游的有机结合。营地帐篷配置齐全、设计合理,游客体验良好,但是相关的海上娱乐、运动休闲等项目的品质与运营则相对较差,游客体验感欠佳。

二、文旅项目内容建设重要性逐步提升

文旅项目内容建设重要性的逐步提升也是当前我国文旅融合的现状。越来越多的人认识到,文化与旅游的融合,并不仅仅是两者单纯相加,对于文旅项目而言,仅仅有充足的资金支持是不够的,还需要有深厚的文化底蕴为内容。也就是说,要做好文旅项目,必须做好文化的挖掘工作,借助当地的特色文化开发出具有特色的旅游产品。要做好文旅项目内容建设,打造特色的旅游产品,需要打造具有影响力的IP品牌。通常来说,相关企业要获得文旅项目IP品牌,可以从两个方面入手:一是自创型IP项目,二是合作型IP项目,两者的具体阐述如下。

（一）自创型 IP 项目

旅游项目的经营管理者自己主动去挖掘当地的文化特色资源,引进专门的团队,创造开发一定的 IP 项目与活动,这便是自创型 IP 项目。如长隆集团就凭借自身的经验,成功举办了数届中国国际马戏节,中国国际马戏节也成了长隆集团的 IP。

（二）合作型 IP 项目

旅游项目的投资方积极地和 IP 拥有方进行合作,将 IP 项目与产品引入到投资地区,即为 IP 合作。如环球影城和"哈利·波特"的作者合作,购买了哈利·波特线下主题公园的版权,在主题公园建成之后,每年都能吸引数以千百万计的旅游者,环球影城也由此获得了更多的利润。

三、公共文化产品管理机构积极寻求转型发展

就当前来看,公共文化产品的市场化程度相对较低,对于公众的吸引力较小。以美术馆、图书馆等为代表的公共文化产品管理机构为了改变现状,正在积极探索新的发展道路,希望凭借自身丰富的文化资源,同时借助文创手段开发独具特色的文旅项目,从而实现自身的良性发展。

北京故宫博物院就是典型的代表。2008 年故宫文化创业中心成立,之后开发出了一系列贴近人们日常生活的文创产品,如"奉旨旅行"行李牌、"朕就是这样汉子"折扇、朝珠形状的耳机等。同时故宫还与阿里巴巴、腾讯等互联网巨头合作,用阿里巴巴来销售文创产品,与腾讯合作推出了故宫定制版游戏。2016 年故宫和凤凰领客文化合作,借助现实技术互动、沉浸技术、3D 技术等手段来增强游客体验。上述措施为故宫带来了巨大的吸引力,使文物活了起来,满足了广大游客的需求。

四、文旅融合过程中亟待解决的问题

在当前文旅融合的过程中,也出现了一些亟待解决的问题,具体可概括为以下几点。

（一）文化产业化程度较低

一直以来,文化在我国被看作是事业性质,而并不是产业,虽然近些年

我国加大了对文化产业的投入,许多文化事业单位转为了企业,国有企业也开始引进社会资本,但是总体来说我国的文化产业仍是国有资本绝对控股,文化产品与文化资源的市场化程度相对较低,如博物馆、文化馆文化产品等对大众的吸引力并不强,一个重要的原因就是文化产业化程度较低。

(二)融合方式缺少创新

文化产业与旅游产业的融合并不只是简单的融合,而是具有深度内蕴的融合,换句话说,仅仅在旅游项目与产品的开发过程中加入文化元素是不够的,必须对文化内蕴进行深度挖掘,并使用合适的方式将文化展现出来。当前我国的文化产业与旅游产业的融合还停留在比较初级的层次,并没有进行深度的融合,同时融合的方式也缺乏新意,对游客的吸引力不足。

(三)融合的领域相对单一

当前我国的文旅融合重视的是文化与旅游资源方面的融合,在其他方面的融合度相对较低,如与吃、住、行等的融合程度相对不足。此外,文化与旅游资源的合作面也不宽广,由此开发出的旅游文化项目与产品也不是很丰富,缺乏一些高品质与高层次的文化旅游产品。

(四)文旅融合的人才相对缺乏

文化产业与旅游产业的深度融合,需要创意人才的支持,而我国当前文旅融合的创意性人才相对缺乏。虽然我国旅游专业的人才较多,熟悉历史文化的人才也不少,但是两者都擅长的人才则较缺乏。此外,虽然有一部分人既懂得旅游知识、又精通历史文化,但是这些人在运作与经营管理方面并不一定精通。

(五)文化旅游资源的保护和开发利用失衡

文化是一个地区、一个民族的象征,也是这个地区与民族的魅力所在,正是因为某地具备独特的文化,才能够吸引大量的游客,当地的文化产业与旅游产业才能够得到较好的发展。当前我国在对文化旅游资源进行开发过程中,出现了过度开发的现象,部分开发商在开发文化资源时,只重视经济利益,没有做好相关的保护工作,使得当地的文化旅游资源遭到破坏,影响文化产业与旅游产业的可持续发展。

（六）文旅项目开发地产化严重

因为文旅项目开发具有非常大的潜力，房地产企业纷纷将目光放到了文旅项目开发上，截至 2017 年，已经有 70％的房企投身到文旅产业，这在一定程度上促进了文旅产业的发展与进步。但是，受之前经验的影响，很多地产商仍然用住宅的生意逻辑来进行文旅项目的开发，造成文旅项目开发地产化严重这一现象。

一些开发商在具体操作时，借助文旅地产的名义圈地，但是却并没有用心经营文旅项目，导致多数文旅项目质量非常低、同质化现象严重。具体来说，这些低质量项目主要有三个方面的特征：一是没有规模效应；二是基础设施落后；三是配套不完善。

当前我国政府以及相关业界已经意识到了文旅业发展出现的偏差，为了遏制文旅项目的地产化倾向，规范旅游地产的发展，国家出台了一系列的政策。如发改委颁布的《关于规范主题公园发展的若干意见》，就对主题公园的类型、占地面积、投资额等进行了限定。

第三节　文旅融合的新认知与发展诉求

在当前背景之下，文旅融合的具体情况也发生了一定的变化，要想更好地推动文旅融合，须对文旅融合进行新的认知，并了解文旅融合的发展诉求。本节对文旅融合的新认知与发展诉求进行了具体阐述。

一、文旅融合的新认知

文化与旅游两者之间的关系是密不可分的，文化界与旅游界都认为"文化是旅游的灵魂，旅游是文化的载体"。文化和旅游之间是天然契合的，两者之间的融合能够活跃旅游市场，促进消费升级，并推动文旅行业的新发展。具体来说，旅游是文化体验、认知与分享的重要形式，文化需要借助旅游这一载体来进行传播与发展。

在新的历史时期，文旅融合成为了发展的热点，有效地满足了人民群众多元化的旅游需求。文化产业与旅游产业的融合，不仅符合我国文化产业与旅游产业发展的需求，而且符合人们对美好生活的向往。但是在实践中，文化产业与旅游产业融合仍有许多问题，比如，存在文化和旅游"两张皮"现象。需要注意的是,文化和旅游产业融合,并不是简单的部门相加,文化和旅游管理部门的架构会发生调整,文旅领域的治理体系机制也会发生变化,由此我们必须对文理融合有全新的认知。

（一）文化作为参与文旅融合发展的要素属性

旅游产业具有突出的综合性与融合性,旅游产业发展的要素共有两个:一是得天独厚的自然资源,二是传承而来的文化资源。随着人们对文化体验重视度的提高,旅游中的各个环节已经开始与文化关联起来,文化也已经成为旅游发展的要素,并且全面融入了旅游发展中,这就是文化的要素属性。

近年来,我国的许多地方开始将文化、旅游相关机构进行合并,以提升政府的服务能力,适应新时代文化与旅游业发展的新要求,从而发挥出文化作为参与文旅融合发展的要素作用。

（二）文化作为参与文旅融合发展的事业属性

很长一段时间以来,我国的公共文化服务产品通常是由政府提供的,如图书馆、文化馆、博物馆等,都属于国家事业单位,日常运营依靠的是财政拨款。这也就造成了这类公共资源缺少发展的动力,只能为公众提供基本的科普与教育场所,很难满足他们丰富多样的、与时俱进的文化需求。

在新的历史时期,传统的文化事业单位利用自身的优势,顺应时代发展的浪潮,积极推进自身的转型,从而更好地适应社会的发展需求。具体来说要做到以下几点。

第一,利用先进的技术手段、具有创造性的设计,来对公共服务机构与公众之间的关系进行重新构建。

第二,不断改进服务方式,拓展受众群体,将公共服务机构的参观者变为消费者,提升其参与感。

第三,积极打造公共生活的"第三空间",以满足大众对学习、娱乐、休闲等的需求。

另外,传统的文化事业单位也可以和社会资本合作,协同探索文旅产业融合发展的创新道路。

（三）文化作为参与文旅融合发展的产业属性

从产业属性角度看,文化产业包含三类,具体如表1-5所示。

表 1-5　文化产业的分类

分类	举例
实物形态的文化产业	图书、报刊、影视制品等
文化服务形态的产业	演艺、影视演出等
向其他行业提供文化附加值的产业	形象设计、装饰等

在所有的文化产业中,和文化旅游最密切的是文化服务形态产业中的演艺行业与影视行业。以演艺行业为例,演艺行业的发展改变了人们之前单一的参观式的旅游方式,通过创建实景、进行互动等方式,让游客切身参与到各种活动之中,丰富了游客的体验。

另外,影视、动漫、音乐等文化业态和旅游产业的融合,使旅游产品与营销模式获得了新的发展。如横店影城成了重要的旅游景点,迪士尼乐园、柯南小镇是重要的旅游地,音乐小镇吸引了无数游客。

促进文旅产业的融合发展意义重大,我们要让文化产业发挥出其产业属性,统筹好文化产业资源、公共服务资源、可开发利用的文物资源与旅游资源,以此促进文旅产业的创新发展,进而推动产业升级、消费升级。

二、文旅融合的发展诉求

文化与旅游两者的融合能够发挥出"1+1＞2"的效果,有效满足人们对文化与旅游的多元化需求。在当前的时代背景下,不同的主体对文旅融合发展的诉求是不一致的,下面将具体讨论国家、企业、社会公众这三个主体对文旅融合发展的诉求。

(一)国家对文旅融合发展的诉求

从国家层面而言,其对文旅融合的诉求大致可以概括为以下几点。

1.满足大众的多样化需求

根据马斯洛的需求层次理论,人的需求是会逐步提升的,当一种需求满足之后,人的需求会向更高一层发展。当前我国经济发展越来越好,人们消费水平、需求层次也不断上升,观光式的旅游方式已经无法满足人们的需求,我国当前的主要矛盾变成了人民日益增长的美好生活需要和不平衡不充分的发展之间的矛盾。要解决这一矛盾,需要不断优化旅游结构,促进旅游产品的升级,为游客提供丰富多彩的旅游产品,从而满足游客的需求。而文旅融合对于优化旅游结构、促进旅游产品的升级具有积极的意义,能够有效解决我国当前的主要矛盾,满足大众的需求。

2.促进我国的文化建设

文化是一个民族的灵魂与象征,我们如果想要屹立于世界民族之林,必须传承并弘扬中华民族的优秀传统文化,树立文化自信,努力将我国建成社会主义文化强国。旅游是文化传播的一个重要途径,其本身也是一个文化交流活动,借助旅游活动,游客可以详细地了解旅游地的风俗与文化,同时也可以将自身的文化带入到旅游地中,从而实现文化的传播。旅游产业与文化产业的融合,能够使游客在旅游的过程中轻松愉快地获得文化体验,使游客在潜移默化中接受文化的熏陶,这对于传播中华文化、推动我国社会主义文化建设是十分有益的。

3.推动文化产业与旅游产业的升级

文化是具有功能性的,比如它能够满足人们的某种需求,具有教化作用等,如果文化失去了它的功能,必将走向衰败。文化产业与旅游产业融合后,就可以借助旅游产业的市场观念与产业思维来实现较好的发展,解决内生动力不足的问题,实现自身的转型与发展。

由于人们消费水平的不断提升、需求的不断增加,单纯的观光旅游产品已经无法满足人们多样化的需求,旅游行业若想得到长远的发展,必须转型。旅游产业与文化产业融合之后,就可以借助文化产业来丰富旅游产品的内涵,从而满足游客的多样化需求。

由此可见,文化产业和旅游产业两者之间的融合发展,一方面能够使旅游产品有更丰富的文化内涵,促进旅游产业的升级,另一方面也能够促进文化产业的转型发展。

(二)企业对文旅融合发展的诉求

从企业层面而言,其对文旅融合发展的诉求可以概括为以下几点。

1.通过文旅融合战略获得政策红利

当前,我国非常重视文旅融合,文旅融合也上升成了国家战略,国家和地方政府陆续出台了一系列促进文旅融合的政策,给文旅融合项目开发提供了各种支持,涉及资金、技术、税收等方面,由此,企业也就能够从中获得了政策红利,这对于企业的发展是十分有利的。

2.通过开发文旅产品提升企业形象

企业开发文旅产品,除了能够获得利润之外,还能够提升品牌知名度与自身的影响力,从而提升形象。某种程度上可以说,品牌的灵魂正是文化,一个对游客有着强大吸引力的旅游目的地,不仅在资源方面具有优势,还具有突出的文化特色,因此文化建设是品牌建设的重要内容。文旅融合重视文化创意,能够帮助提升品牌形象和企业形象。

（三）社会公众对文旅融合发展的诉求

当前人们的旅游需求呈现出了多样化、个性化的趋势,传统的观光式的旅游方式,已经无法满足广大游客的需求,越来越多的游客开始重视旅游体验,希望通过旅游来获得独特的审美感受与情感体验。文化产业与旅游产业的融合,能够促进旅游产业的创新发展,开发出一系列丰富的独具特色的文旅项目,如演绎旅游、遗产旅游等,满足游客的多样化需求。由此社会公众对文旅融合发展的诉求即满足游客的文化需求。

第四节　文旅融合的发展模式与路径

文旅融合的过程之中,难免会出现各种问题和阻碍,常见的问题有利益相关者的目标差异、政府之间的协调问题、新技术在文旅融合中的应用问题等,为了解决文旅融合过程中出现的种种问题,我们需要构建合理且有效的模式与路径,下面将对文旅融合的发展模式与发展路径进行讨论。

一、文旅融合的发展模式

文旅融合的发展模式主要有三种,一是文化要素形态融合,二是现代文化产业延伸融合,三是公共文化产品转型融合。下面将对这三种模式进行具体分析。

（一）文化要素形态融合

文化是文旅产业发展的内核,在发展的过程中,文化需要走出来,从历史、传说、书本中走出来,实现物态化、活态化与业态化,并最终融入旅游产业中。文化要素物态化、活态化与业态化的含义如表1-6所示。

表 1-6　文化要素物态化、活态化与业态化的含义

项目	所需主体	含义
文化要素物态化	旅游观光	游客可视景观化与形象化的过程
文化要素活态化	旅游体验	游客和文化的交互化、情境化与沉浸化感受的过程
文化要素业态化	休闲旅游	文化创意的产品化、产业化与品牌化的过程

　　文化和旅游部的成立,使得文化要素融入旅游产业发展的作用机制发生了变化,文旅融合系统平台也更加开放。文化要素形态融合模式,在以下两个方面的表现会十分突出,一是遗产保护与旅游开发,二是"文创＋"新业态。具体如图 1-3 所示。

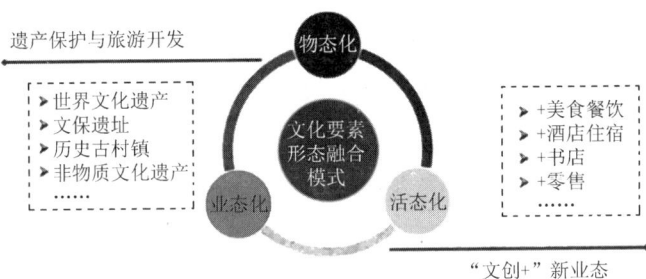

图 1-3　文化要素形态融合模式

1.遗产保护与旅游开发

　　遗产保护和旅游开发的结合,能够开发出具有鲜明文化特色的遗产文化旅游产品。要实现遗产保护与旅游开发的结合,最为重要的就是做好文化遗产的活化工作。

　　对物质文化遗产进行活化,尤其是对世界文化遗产、国家考古遗址等重要遗产资源进行活化,能够使这些文化遗产在保留原有的文化内涵的基础上,满足大众的文化需求。具体来说,活化的方式有很多种,如将遗址开发成为博物馆或遗址公园,利用酒店、民宿等进行活化改造。这样能够使物质文化遗产保护与旅游开发有机结合,使旅游成为展示文化遗产的窗口。

　　对于非物质文化遗产的活化,针对不同形式的非物质文化遗产,应采用不同的方式。首先,针对传统节日、传统手工技术、传统美食等,可以通过开发非物质文化遗产公园或博物馆等方式,来向游客展示这些传统文化遗产;其次,针对民间舞蹈、民俗活动、民间音乐等非物质文化遗产,可以通过开展

多种形式的演艺与体验活动,来使游客感受这些文化遗产的魅力。由此,使得非物质文化遗产能够得到传承与保护。

2."文创＋"新业态

"文创＋"新业态指的是文化产业同传统的美食、住宿、书店、零售等业态相结合,形成具有代表性的文旅体验产品。当前我们所见到的各种创意主题餐厅、酒店民宿、文创跨界复合店等,就创造出了一种全新旅游体验方式,这种旅游体验方式具有四个特点:第一,空间布置优美,场景自然;第二,能够给游客带来沉浸式的体验;第三,具备场景化的消费;第四,实现了跨界功能的融合。"文创＋"新业态的实例如表1-7所示。

表 1-7 "文创＋"新业态的实例

类型	举例	
创意主题餐厅	胡桃里音乐餐厅	具有餐厅、酒吧、音乐吧、咖啡馆等功能
	共禾京品	具备餐厅、家居、花艺等功能
	云雅阙博物馆主题餐厅	不仅是餐厅还是博物馆
酒店民俗	西安威斯汀大酒店	是酒店与博物馆的结合
文创跨界复合店	申活馆	是书店、咖啡店、美食教室、花艺空间、亲子空间、皮革工坊的结合

"文创＋"新业态的融合模式想要取得成功,不仅需要把握好市场的诉求,抓住资源优势并做好文化创意工作,而且要借助文化要素和旅游产业之间的融合,来做好市场对接与资源对接工作,并积极创新,开发出独具特色的文旅产品。

(二)现代文化产业延伸融合

文化旅游资源与创意结合所产生的新型文旅产业,是现代文化所延伸出来的旅游产业,这种新型文旅产业能够满足人们对更高体验层次旅游和更高质量生活方式的需求。

不同国家对现代文化产业的叫法不尽相同,美国称其为娱乐业,英国将其称为创意产业,亚洲的多数国家将其称为文化产业,本书将其称为现代文化产业。根据我国的相关规定,现代文化产业包括文化相关领域与文化核心领域的9个大类。具体如表1-8所示。

表 1-8 现代文化产业体系

分类		举例
文化产业相关领域	文化辅助生产和中介服务	文化用品制造、文化经纪代理等
	文化装备生产	印刷装备、舞台演艺装备等
	文化消费终端生产	文化制造、销售等
文化产业核心领域	文化投资运营	文化投资、运营管理等
	新闻信息服务	新闻、报刊、广播电视等
	内容创作生产	出版、影视制作、工艺品生产等
	创意服务设计	广告、设计等
	文化传播渠道	发行、艺术品拍卖代理等
	文化娱乐休闲服务	景区游览、休闲观光等

就当前现代文化产业体系各门类和旅游融合发展的状况而言,文创内容创作生产所涉及的影视、演艺等领域同旅游产业的融合发展最为突出,"影视＋旅游""演艺＋旅游"也就实现了产业化、市场化与跨界化。如图 1-4 即为影视与演艺与旅游产业融合形成的现代文化产业延伸融合模式。下面将对"旅游＋影视"与"演艺＋旅游"进行具体分析。

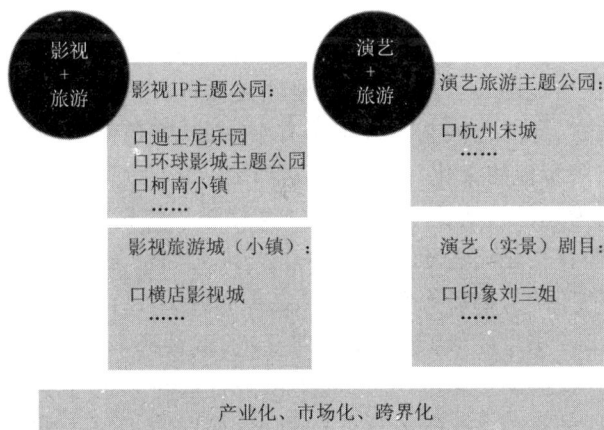

影视＋旅游

影视IP主题公园:
口迪士尼乐园
口环球影城主题公园
口柯南小镇
......

影视旅游城(小镇):
口横店影视城
......

演艺＋旅游

演艺旅游主题公园:
口杭州宋城
......

演艺(实景)剧目:
口印象刘三姐
......

产业化、市场化、跨界化

图 1-4 现代文化产业延伸融合模式

1."影视＋旅游"

近些年,文化消费的增长使"影视＋旅游"开始成为旅游行业发展的热点。当前我国已经出现了许多影视 IP 主题公园和影视旅游城,大多数的影城除了开展专门的影视剧拍摄制作、相关旅游资源开发经营业务外,还具备了旅游景区、旅游销售、制景装修、住宿、餐饮等功能,形成了集餐饮、购物、休闲、旅游、影视参观于一体的复合型文化旅游项目。这种以影视为核心,延伸发展旅游产业,从而促进文旅融合的发展模式主要有以下两种。

第一,依据影视 IP 开展各种活动,如借助经典的影视 IP 人物形象、场景等建设相关的娱乐、休闲与消费设施。迪士尼乐园、柯南小镇等采用的就是这种发展模式。

第二,建设影视旅游城,影视旅游城涵盖影视基地、主题商业、游乐、文化等功能。影视旅游城可以分为多种类型,如主题公园、影事节庆旅游、影视文化旅游等。

当前我国具有代表性的影视旅游城如横店影视小镇。横店影视小镇以横店影视城为核心,从原本单一的影视基地发展成了集影视旅游、度假、观光、休闲于一体的文化旅游小镇。横店影视城有 30 多个大型实景拍摄及旅游体验基地,以此为基础,影视城周边的地产住宿、餐饮、购物、娱乐等行业不断发展融合,进而形成了横店影视小镇这一文化旅游综合体。横店影视小镇是典型的"以影视为核心,延伸发展旅游产业"的融合方式,也是典型的现代文化产业延伸融合方式。

2."演艺＋旅游"

以演艺为核心的文旅项目,是近些年文旅融合的重点领域。从游客的角度出发,依托当地的知名景点,展现地域文化背景,重视体验性与参与性的文化体验方式,即文化演艺。一个具有个性的、特色鲜明的文化演艺,能够充分体现出旅游地的文化,加深游客对当地文化的了解,丰富游客的文化体验。也正因为如此,"演艺＋旅游"成了文旅融合的热点。

当前,我国在文化演艺旅游项目的开发中,通常会使用以下两种方式。

第一,借助实景与剧场等载体,将演艺剧目作为整个旅游目的地的重要环节,桂林推出的实景歌舞剧《印象·刘三姐》就是典型的代表。这种实景演出,尤其是在夜间的实景演出,能够丰富游客夜间的旅游体验,带动游客消费,促进景区的餐饮、住宿等行业的发展,同时也能够有效提升景区的形象。

第二,以演艺剧目为核心,从中延伸出演艺产业链,进而形成旅游目的地,杭州宋城项目就是典型的代表。杭州宋城主题公园中最具吸引力的就是演艺剧目《宋城千古情》,宋城集团以《宋城千古情》为核心,延伸出了"千古情"系列旅游演艺项目,这些项目的成功推动了整个宋城主题公园的发展。

宋城集团是"演艺＋旅游"的典型代表。宋城集团开发的主题公园与演艺项目都是根植于本土文化，对当地文化进行深度挖掘，从而为观众带来了独特的文化体验。"千古情"系列演艺产品符合大众审美与需求，具有鲜明的地方文化特色。围绕剧目创建的主题公园是一个大型的演播厅，借助各种先进技术将杭州的历史典故、民间传说等展现了出来，从而给游客带来独特的视觉与文化体验。从产品开发的角度而言，宋城演艺将表演项目作为核心，建设了一系列休闲娱乐设施，并推出了餐饮、住宿、购物等服务，不断拓展经营范围、开发产品、延伸产业链，实现了文化演艺与旅游的深度融合。

（三）公共文化产品转型融合

我国的公共文化产品服务资源通常是由政府掌握的，博物馆、美术馆、文化馆等是提供公共文化服务的主要机构，属于政府管理的事业单位。在人们精神文化需求日渐多元化的当下，传统的"事业型"的公共文化产品服务受到了一定的冲击，越来越难以满足旅游者多样的文化需求。因此，一些人开始对新时期如何更好地为大众提供公共文化产品提出了一些新的设想。在这样的背景之下，"事业型"公共文化产品转型融合模式出现了。"事业型"公共文化机构在文化资源方面具有天然的优势，积极促进文化资源和旅游产业的融合，不仅能够促进传统文化事业机构转变职能，也能够实现文旅融合的创新。

然而，文化事业体系模式和"事业型"公共文化产品转型融合模式之间具有结构性的差异。具体来说，文化事业体系模式与"事业型"公共文化产品转型融合模式在目标、管理模式、管理手段与达成效果方面都具有差异。

从目标上看，文化事业体系模式的目标有三个：一是意识形态和领导权的保障，二是精英文化与官僚偏好实现，三是体制内成员利益保障；"事业型"公共文化产品转型融合模式的目标有两个：一是提高公共服务产品的质量、满足大众对美好生活的追求，二是提升大众的文化自信心与我国文化的影响力。

从管理模式上看，文化事业体系模式实现的是一元化的行政管理模式，"事业型"公共文化产品转型融合模式采用的是多元化市场服务模式。

从管理手段上看，文化事业体系模式常用的管理手段有三种：一是行政层级管控，二是公共文化资源体制内循环，三是实行集中决策机制；"事业型"公共文化产品转型融合模式常用的管理手段也有三种：一是企业化管理方式与市场化竞争机制，二是开放式的平台体系，三是分散决策机制。

从达成效果上看，文化事业体系模式能造成以下结果：一是公共投入效率较低,二是社会整体文化福利水平低,三是文化传统与保护功能强但创新与创造功能弱;"事业型"公共文化产品转型融合模式能达成以下效果,一是公共投入效率提升,二是能够形成多主体共同参与文旅融合的机制,三是能够实现旅游产业与文化产业的多元发展。

具体来说,"事业型"公共文化产品转型融合模式的路径有如图 1-5 所示的两种。第一种路径是传统文化机构"存量更新",即要不断推进"事业型"公共服务机构的市场化转型,将博物馆、美术馆、图书馆、文化馆等机构的文化资源与旅游产业进行融合,形成场馆"+市场""+文创""+新业态"的发展模式;第二种路径是引导社会力量导入,鼓励、引导各种社会主体通过多种渠道,采取多样化的方式参与到文化产品服务行业中,通过旅游产业来呈现文化产品内核,从而实现文旅产业融合发展。

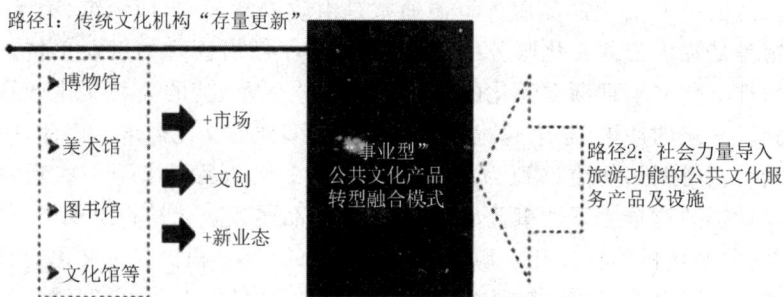

图 1-5 "事业型"公共文化产品转型融合模式

台北故宫博物院与北京故宫博物院是"事业型"公共文化产品转型发展的成功案例。台北故宫博物院以康熙御批手迹为素材,创作了"朕知道了"等文创产品;北京故宫博物院推出了"顶戴花翎官帽伞""尚方宝剑圆珠笔"等一系列文创产品,受到了广大游客的喜爱。当前,我国有超过 2000 多家的博物馆、纪念馆等在研发相关的文创产品,希望实行"事业型"公共文化产品转型融合模式,从而为文旅融合发展提供新的活力。

二、文旅融合的发展路径

文旅融合是当前我国发展规划的重要内容,为了使文旅融合实现更好的发展,文化和旅游部部长在 2019 年全国文化和旅游厅局长会议上提出了如图 1-6 所示的文化与旅游融合发展的六大路径,下面对这六大路径进行具体的分析与阐述。

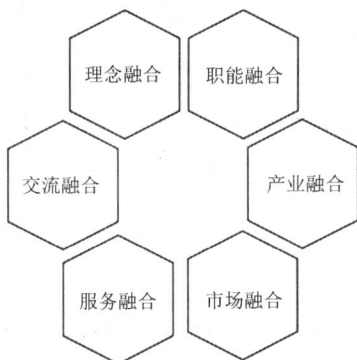

图 1-6　文旅融合的发展路径

（一）理念融合

理念对行动具有指导作用，只有从理念上认同文化产业与旅游产业的融合，从思想上形成文化产业与旅游产业融合的意识，才能真正实现文化和旅游的深层次融合。具体来说，理念融合包括以下内容。

1.树立以文促旅理念

文化是旅游发展的重要驱动力，文化资源是旅游发展的核心文化，创意是提升旅游产品质量的重要途径。要不断提升思想观念，树立以文促旅的意识，积极利用文化资源，引入文化创意，从而有效提升旅游产品质量，丰富旅游业态，实现旅游发展空间的拓展。

2.树立以旅彰文理念

旅游是文化发展与传播的重要载体与动力。在实践中，要借助旅游产业化、市场化的优势来丰富文化产品的供给，改变供给方法，拓宽供给渠道，丰富供给类型，以此来促进文化产业的发展。同时要发挥旅游公众参与多、文化传播广的优势，以此来拓展文化产品的受众群体与覆盖范围，以提升我国的软实力。

3.树立和合共生理念

必须深刻地认识到文化与旅游两者之间是相辅相成的，文化产业与旅游产业相互支撑、优势互补、和合共生，能够形成新的发展态势，成为新的经济增长点，满足当前大众对美好生活的需求，这对我国经济与文化实力的有效提升具有重要意义。

（二）职能融合

职能融合是我国文化部与旅游部部门合并之后的工作重点，也是当前在进行文理融合时需要重点处理的内容。具体来说，要进行职能融合，需做好以下几点工作。

1.落实好三定规定

三定规定指的是定职能、定机构、定编制，其是各部门履行职责的重要依据。对于已经发布了三定规定的单位，要切实遵守三定规定的要求，将各项职能落到实处。对于尚未发布三定规定的单位，要依据本单位的实际情况来制定三定规定，同时在制定时要结合文化产业与旅游产业融合的实际需求，合理规划内部的部门职能，保障职能设定的科学性。

2.统筹规划方向与目标

当前十四五规划刚刚制定，要以此为契机，在对文化产业与旅游产业当前的发展现状进行深入调查研究的基础上，做好顶层设计，规划好旅游产业与文化产业融合发展的方向与目标，同时要对先前的经验进行总结，积极寻找融合发展的新思路，从而制定出科学的、有前瞻性的发展规划与政策。

3.切实整合好已有的工作

要对当前文化和旅游领域的政策、法规、规划、标准等的进行整理与修订，以确保相关的法规能够相互兼容，没有空白和死角。同时也要积极促进文化和旅游两者之间的资源平台项目活动等的融合，对当前的各种融合情况进行整理与规范，从而使融合发挥出最大的效益。

（三）产业融合

产业融合同样是我国文化产业与旅游产业融合的重要路径，要实现产业融合，可以从以下几点入手。

1.促进业态融合

积极推进文化、旅游同其他产业的融合，具体要做到以下几点。
第一，实施"文化＋"和"旅游＋"战略，促进业态融合。
第二，实施"互联网＋"战略，实现文化、旅游和科技的融合发展。
第三，推动文化生态保护区与全域旅游的发展，使传统技艺与表演艺术进入度假区与旅游景区中。

第四，推动当前已有的业态融合的品质提升，如不断加大对旅游演艺、文化遗产旅游、红色旅游的投入，切实提升其品质。

2.促进产品融合

促进产品融合具体可以从以下几个方面入手。

第一，不断加大对文化与旅游资源的整理与挖掘力度，通过文化创意来将更多的资源转化为旅游产品，并推出一些具有鲜明的文化特色与丰富的文化内涵的旅游商品。

第二，打造一些具有鲜明的文化特色、丰富的文化要素的特色旅游目的地，如开发集融文化创意、休闲度假、购物娱乐等于一体的文化旅游胜地。

第三，推出多样化的转体文化旅游线路与项目，如研学旅行、文化寻根等。

3.释放大众文化与旅游需求

大众的文化素养与旅游需求会倒逼文旅产品融合。释放大众文化与旅游需求，需做到以下几点。

第一，建立文化与旅游消费的长效机制，顺应居民消费升级的趋势。

第二，积极发掘新的消费热点，如网络消费、定制消费、智能消费、体验消费等。

第三，规范行业标准，完善服务质量评价体系，优化消费反馈处理体系。

（四）市场融合

具有活力的、有序的、供给充足且有效的市场是文化与旅游融合发展的基础，市场融合尤其重要，应推动文化与旅游产业的一体化建设，以促进旅游旅游产业与文化产业的市场融合。具体来说，主要做好以下工作。

1.促进市场主体融合

市场主体融合是市场融合的重点，要实现市场主体融合，可以从以下几个方面入手。

第一，积极引导并鼓励文化机构与旅游企业进行对接与合作，促进文化与旅游企业做大做强，加速推动以文化与旅游为主要业务的，具有突出的竞争力的领军企业的形成。

第二，不断优化营商环境，建设并完善创新创业平台，为文化与旅游领域的微小企业、民营企业的发展创建良好的环境。

2.促进市场监管融合

促进市场监管融合,需做到以下几点。

第一,持续更新监管理念,关注融合发展的新业态。

第二,完善信用体系建设,定期开展各种专项整治活动。

第三,完善投诉反馈渠道,及时解决群众投诉的各种问题。

第四,对文化市场、旅游市场进行统一监管。

3.促进文化市场综合执法队伍建设

做好文化市场综合执法队伍的建设工作,需要在实践中切实落实《关于进一步深化文化市场综合执法改革的意见》《关于深化文化市场综合行政执法改革的指导意见》等文件。同时还要建立并稳固执法改革的制度框架,依据上级部门的要求整合执法队伍。

（五）服务融合

做好居民服务、游客服务、旅游公共服务、公共文化服务等,是文化与旅游融合发展的重要路径,要做好这些服务的融合工作,需要从以下几个方面入手。

1.统筹公共服务资源配置

统筹公共服务资源配置,可从以下四个方面入手。

第一,促进公共服务进入旅游景区与旅游度假区,让游客在景区之中也能享受到完善的公共服务。

第二,利用现有资源构建出一个能够实现资源共享的文化与旅游新空间。

第三,在游客较多的地区建设相关的文化设施,如书店、影院等,以满足游客的文化需求。

第四,推出一批文化与旅游服务惠民项目。

2.统筹公共服务设施建设管理

做好公共服务设施的建设与管理工作,需要积极建设并改造文化与旅游综合服务设施,切实做好公众服务的物质保障。同时,也要做好公共文化设施与旅游景区设施建设与管理的规划工作。

3.统筹公共服务机构功能设置

在规划、建设、改造旅游公共服务设施时,要结合地方的文化特色,将地方文化要素融入公共服务设施中,从而给游客带来独特的体验。同时,也要多利用公共文化机构平台来进行文明旅游宣传,规范游客行为,从整体上提升旅游目的地的形象。

(六)交流融合

交流融合同样是文化与旅游融合的重要路径,要实现交流融合,在工作、渠道与载体方面都要做好相关的工作。

1.工作层面

在工作方面,要不断加强对外的文化与旅游交流工作,将对外旅游与工作机构进行整合,合理安排各种对外宣传、交流活动与项目,以做好文化传播与旅游推广工作。

2.渠道方面

在渠道方面,应该做好以下几个方面的工作。
第一,发挥好博物馆、文化馆等文化机构在传播特色文化方面的作用。
第二,利用旅行社、旅游景区等传播特色文化。
第三,引导各类导游、讲解员和亿万游客成为中国故事的生动讲述者、自觉传播者。

3.载体方面

在载体方面,要将文化和旅游的优势综合起来,将优质的文旅产品推向海外,向全世界展示我国的传统文化,展现出当前我国的经济与文化实力,从而有效提升我国的文化软实力与国际影响力。

第二章　旅游演艺概述

　　旅游演艺是演艺企业基于特定旅游景区的自然风光和人文风情，所组织并呈现给观众的一种艺术表演活动。这种艺术表演活动，不仅能够有效满足旅游者的旅游需求，而且能够提高旅游演艺目的地、旅游演艺产品的社会知名度和影响力。本章对旅游演艺进行了概述，主要包括旅游演艺的含义与分类、旅游演艺的艺术特征、旅游演艺的发展历程以及旅游演艺的影响因素四个方面的内容。

第一节　旅游演艺的含义与分类

　　以景区或景点为凭借物，以表演的形式将景区或景点特有的地脉、文脉等呈现给观赏者的艺术表演活动，便是旅游演艺。旅游演艺不仅能够提升景区整体的声望，而且能够有效满足人们的精神文化需求。根据移动性、场地类型、表演主体、节目独立性等标准，可以将旅游演艺划分为不同的类型。

一、旅游演艺的含义

（一）演艺

　　所谓演艺，简单来讲就是指一种以表演的形式，将特定的主题呈现给观众的艺术形式，其最大的特征就是"现场性"，即以现场表演的形式传递特定的信息。一般来说，常见的演艺类型主要有七种，如图 2-1 所示。

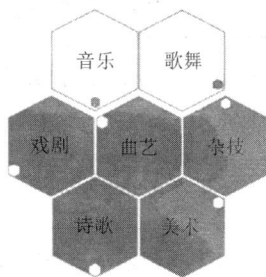

图 2-1　常见的演艺类型

发展到当下,演艺已经成为一种涵盖诸多内容(包括道具、舞台、灯光、票务等)的成熟行业,即"演艺业"。作为一种艺术形式,演艺有效地满足了人们日益增长的多元化的精神消费需求,而作为一种文化产业,其又在很大程度上推动了我国艺术文化的发展。

(二)旅游演艺

1.旅游演艺概述

随着旅游业的快速发展,国内诸多旅游目的地开始采取多种举措,来提高自身在竞争激烈的旅游市场中的地位,通过形式多样的演艺活动提升游客的参与感与融入感便是重要举措之一。伴随着演艺业与旅游业的深度融合,旅游市场出现了一种新兴产物——旅游演艺。

目前为止,学界还未给旅游演艺界定一个明确的概念,但旅游演艺这一提法已普遍受到社会的认可。就我国而言,最初对旅游演艺的研究多集中在主题公园与景区内的文娱演出方面,常见的研究内容包括主题公园文艺演出、景区景点文娱演出等。

近年来,随着旅游市场的飞速发展,旅游演艺呈现出持续升温的发展势头,其在旅游市场中所扮演的角色也越来越重要。诸如横店影视城、宋城千古情等旅游演艺产品已悄然成为吸引游客的新景观。

2.旅游演艺概念

关于旅游演艺的概念,不同的学者从不同的视角出发,给出了多元化的见解,具体内容如表 2-1 所示。

表 2-1　不同学者对旅游演艺的见解

学者	见解
陈铭杰	①以满足游客的需求为核心与出发点； ②反映景区主题与定位； ③具有明显的商业性质
诸葛艺婷,崔凤军	依托旅游资源,运用表演的形式给观众带来更好体验的旅游活动
李幼常	在旅游景区进行的,以表现该地特有的文化、民俗等的表演活动
李蕾蕾,张晗	①以景区为主要演出点； ②面向游客且具有一定的互动性； ③结合了舞台表演与空间造型艺术；

结合众多学者的研究成果,并基于自身多年对旅游演艺的思考,本书将旅游演艺做一个简单的概念界定,旅游演艺主要指旅游目的地以特定的景区或景点为凭借物,以表演的形式将该地特有的地脉、文脉、人脉等呈现给观赏者的艺术表演活动。

二、旅游演艺的分类

根据不同的划分标准,可以将旅游演艺分为不同的类型,具体内容如表2-2所示。

表 2-2　旅游演艺的类型

划分标准	类型
移动性	驻场式旅游演艺
	巡演式旅游演艺
	驻场与巡演结合式旅游演艺
场地类型	户外演出
	室内演出

划分标准	类型
表演主体	演员表演
	动物表演
	高科技表演
节目独立性	独立型旅游演艺
	依附型旅游演艺

（一）基于移动性划分的旅游演艺

1.驻场式旅游演艺

所谓驻场式旅游演艺,简单来说就是指一种具有相对固定演出场所的旅游演艺。这种旅游演艺是基于当地特有的文化习俗、人文故事等开展的,具有鲜明的地方特色,往往会发展成为该地的旅游标志和象征。比如杭州宋城的《宋城千古情》、广西桂林的《印象·刘三姐》、海南海口的《印象·海南岛》等,都是有名的驻场式旅游演艺。

2.巡演式旅游演艺

巡演式旅游演艺是一种没有固定的演出场所,以巡回演出的方式来展现旅游演艺产品独特魅力的活动。比如由杨丽萍主演的大型原生态歌舞集《云南映像》,自 2003 年昆明公演成功后,在全国几个大型城市进行了 200 余场的演出,很好地将云南的地方风情传递了出去。

3.驻场与巡演结合式旅游演艺

顾名思义,驻场与巡演结合式旅游演艺即此类旅游演艺产品既可以通过驻场的方式进行表演,也可以采取巡演的方式进行展现。比如由嵩山少林寺精心打造的《少林雄风》,该旅游演艺产品一方面在嵩山少林寺进行演出,另一方面也会到全国各地进行巡演,很好地将少林文化传递了出去。

（二）基于场地类型划分的旅游演艺

1.户外演出

户外演出主要包括两种类型,其一是实景演出,其二是广场演出。

（1）实景演出

实景演出是一种以相应的人文景观或者独特的自然山水为背景的演出活动。这种演出的特点主要体现在以下几个方面：一是对演出背景的选择极为重视，二是能够借助背景更好地将作品本身所内蕴的思想、文化等传递出去，三是能够突破传统舞台的空间限制。比较有代表性的实景演出有广西桂林的《印象·刘三姐》、河南登封的《禅宗少林·音乐大典》和敦煌的沙漠实景演艺《敦煌盛典》。

（2）广场演出

广场演出，即以广场为表演场所的演出活动，主要包括景区景点广场演出和社区广场演出两种类型。其中，前者主要是在规模较大的广场（如主题公园广场）进行演出，特点是演出地点相对固定；后者主要是在社区的广场进行演出，是一种小型的演出，特点是演出地点不固定、表演形式多样化。

2.室内演出

室内演出主要包括专业剧场演出和宴饮场所演出两种类型。

（1）专业剧场演出

专业剧场演出，即在旅游景区的专用剧场所进行的一种演出活动。比较有代表性的专业剧场演出有《时空之旅》《宋城千古情》等。

（2）宴饮场所演出

宴饮场所演出，即在专门的演艺餐厅所进行的一种的演出活动。比较有代表性的宴饮场所演出有《北京之夜》《藏王宴舞》《唐宫乐舞》等。

（三）基于表演主体划分的旅游演艺

1.演员表演

演员表演，即以演员为主要表演主体的演出活动，这种表演往往需要表演者具备相应的演出素养和表演技能。广西桂林的《印象·刘三姐》就是一种典型的演员表演式旅游演艺。

2.动物表演

动物表演，即以动物为表演主体的演出活动，这种表演往往具有相对固定的表演场所，如动物园、海洋公园等。香港海洋公园的海狮表演就属于动物表演类型。

3.高科技表演

高科技表演,即借助高科技手段来完成相应演出任务的演出活动。比如上海旅游节世纪公园的激光音乐表演就是一种高科技表演,这种高科技表演能够给观赏者提供一个现实中无法切实感知的审美体验机会。

(四)基于节目独立性划分的旅游演艺

1.独立型旅游演艺

独立型旅游演艺是一种不依附于某个具体的旅游景区或景点,却能将该旅游地的独特魅力展现出来,从而吸引更多游客前来旅游的演出活动。上海的《时空之旅》就是一种典型的独立型旅游演艺。

2.依附型旅游演艺

依附型旅游演艺需要依附具体的景区来开展相应演出活动,如果离开了具体景区的衬托,那么所开展的演出活动就会失掉其绝大部分的魅力。杭州宋城的《宋城千古情》就是一种依附型旅游演艺。

第二节 旅游演艺的艺术特征

旅游演艺的艺术特征是旅游演艺特色与生命力的重要体现,了解其艺术特征有助于更好地从整体上把握旅游演艺的内涵与意义。本节主要介绍了旅游演艺的三个艺术特征,分别是旅游演艺的真实性、原生态以及奇观化。

一、真实性:建构文化的原真性

旅游演艺的真实性并不是真实地再现生活场景,而是通过一种文化原真性的建构,来展现旅游目的地人文特色和文化内涵。具体来说,文化原真性的建构主要包括以下几个方面的内容。

(一)前台/后台:旅游演艺的原真性

这里所说的"前台/后台"是基于戈夫曼所提出"前台/后台"理论而言

的,在戈夫曼看来,"前台"是一个人们借助相应手段来呈现被他人和社会接受的形象的场合,"后台"是一个为前台表演做准备、掩饰在前台不能表演的东西的场合。[1]从戈夫曼的论述中我们能够知道,"前台"与"后台"是有显著区别的,不同的场合各有其特定的行为标准与社会规范,这种标准与规范是社会生活的"原真性"再现,每个社会成员只有在相应的场合完成应有的行为,才能确保社会的稳定与有序。

从本质上来讲,旅游演艺是一种具有前后台结构的艺术性"原真性"表演。需要注意的是,在这种具有艺术性的表演中,完全意义上的复归现实生活或全方位再现地域文化现象是不可能的,因为作为艺术表演的原生态和作为文化现实的原生态之间是有巨大差异的。在具体的旅游演艺活动中,"后台"就是文化现实的原生态,"前台"则是具体的表演空间。

以《魅力湘西》为例,创作团队希望借助文化创意环节,将少数民族的艺术特质在原生态展示中更加真实地传递给观众,因此,他们通过艺术的整合,将湘西少数民族特有的原始文化符号,诸如"迎神""祭神"等,融入旅游演艺产品中,借助前台表演,将湘西少数民族文化的原真性移植到观众面前。《魅力湘西》既考虑了前台展示的可观赏性,又兼顾了后台文化的民族地域特色,通过前台与后台的有机结合,在传递湘西少数民族文化原真性的同时,也使得外来游客更好地理解或接受了他们的文化。

(二)"舞台真实性":塑造真实的旅游体验

"舞台真实性"是由美国学者麦克内尔提出的。1979年,麦克内尔对自己的研究进行了一个整合,然后提出了"舞台真实性"理论,并将这一理论引入到旅游研究当中。

麦克内尔的"舞台真实性"理论是对戈夫曼"前台/后台"理论的完善和发展。麦克内尔认为,单纯地从"前台"或"后台"来分析旅游演艺活动是有失偏颇的,因为一个完整的旅游演艺活动,其"前台"和"后台"之间是存在不同社会情境的。图2-2为麦克内尔的舞台真实性理论模型,从这一模型中我们能够知道"后台"即旅游演艺目的地的民风民俗、生活方式以及传统文化,前台包括场景氛围、演员服饰、演艺内容以及舞台道具。旅游演艺就是通过对"后台"加工创作,借助前台,以表演的形式让游客体验到舞台的真实和内容的真实。

---

[1] 叶志良.文旅融合时代的国内旅游演艺研究[M].北京:中国旅游出版社,2019:

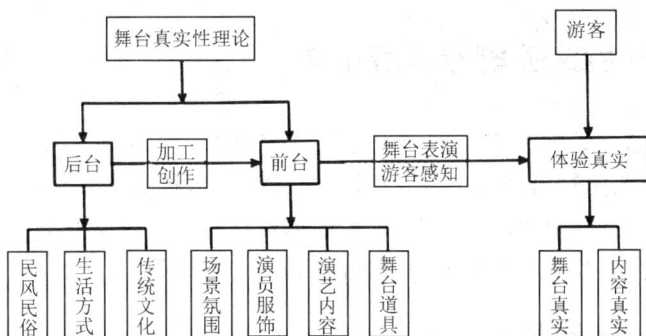

图 2-2　舞台真实性理论模型

需要注意的是,"后台"虽然是带有旅游目的地文化的原真性和神秘性,是游客最想一探究竟的重要场所,但不能一味地"放任"游客涌入"后台"。如果游客大规模进入"后台",不仅会使后台变前台,在很大程度上破坏旅游目的地文化的神秘性,而且游客所带来的外地文化也会在一定程度上冲击旅游目的地的文化的原真性。因此,旅游目的地的工作人员要在保证当地文化原真性和神秘性,或者说保证"后台""封闭性"的基础上,构建真实的旅游场景,通过艺术的加工与创作,将"后台"前置,以具体的舞台表演,与游客发生互动,或使游客参与到舞台表演过程中,从而塑造游客真实的旅游体验。

(三)建构性真实:实现艺术对生活的超越

艺术源于生活,又高于生活。旅游演艺作为一种艺术活动,也是从生活中来的,同样也高于生活,其所展现的真实也不是原始的生活真实,而是经过加工或建构后的艺术真实。

从某种意义上来讲,"真实"取决于游客的体验,受各种因素的影响,不同的游客对"真实"的理解和要求存在一定的差别。因此,旅游目的地在建构艺术真实的过程中,既要对当地的历史人文风情、民族民俗文化等有深入的了解,也要充分收集和考虑游客的意见和建议,尽可能使开发的旅游演艺产品给游客一个建构性的艺术真实。

需要注意的是,这种艺术的建构是一种基于当地文化的真实建构,而不是无中生有的虚构。同时,这种建构也不是还原或再现原始生活,而是一种超越生活的艺术真实建构。

二、原生态：返璞归真的原生美

原生态也是旅游演艺的一个重要艺术特征，依靠原生态的环境、表演等，旅游演艺能够给观众呈现一种返璞归真、自然和谐的原生美。旅游演艺的原生态特色主要表现在三个方面，即舞台空间环境的原生态性、题材素材的原生态性以及舞蹈音乐的原生态性，具体分析如下。

（一）舞台空间环境的原生态性

舞台空间环境是旅游演艺活动开展的一个重要环境凭借，通过特定空间环境的塑造，旅游演艺既能够有效传递自己的相应主题和思想，又能够观众带来真实的体验。舞台空间环境的原生态性，简单来讲就是旅游演艺企业将现实本身即"第一自然"理念融入旅游演艺产品中，实现人与自然的"共同创作"，让自然"自然地"展现在观众面前。这里主要介绍两种舞台空间环境的原生态性，分别是山水实景旅游演艺舞台空间环境和主题公园旅游演艺舞台空间环境。

1.山水实景旅游演艺舞台空间环境

山水实景旅游演艺舞台空间环境以天为幕、以地为台、以山水为背景，将真山、真水与真生活、真情感有机融合在一起，实现艺术与大自然的完美融合，是直观的"山水实景"生态性体现。

山水实景旅游演艺所依凭的舞台空间环境是真实的自然环境，是原生态的地域文化，置身于这样的舞台空间环境中，观众不仅能够欣赏到别具一格的艺术表演，而且能够体验到极具特色的"天人合一"意境。表2-3为我国几个著名实景旅游演艺产品的舞台空间环境，这些旅游演艺活动利用自然造化，融自然风情于地域文化特色之中，凭借具有动态性的演出场景，在满足观众视听觉追求的同时，提升他们的旅游体验。

表 2-3　我国部分实景旅游演艺产品的舞台空间环境

旅游演艺产品	舞台空间环境	地点
《印象·刘三姐》	漓江山水	广西桂林
《成吉思汗》	呼伦贝尔大草原	内蒙古呼伦贝尔
《大宋·东京梦华》	清明上河园	河南开封
《印象·丽江》	玉龙雪山	云南丽江

旅游演艺产品	舞台空间环境	地点
《中华泰山·封禅大典》	泰山	山东泰安
《禅宗少林·音乐大典》	嵩山	河南登封
《最忆是杭州》	西湖	浙江杭州

2.主题公园旅游演艺舞台空间环境

主题公园旅游演艺舞台空间环境的原生态性,通过体验式、沉浸式的主题公园旅游演艺得以彰显,具有实景开放式演出和观众参与的原生态式场所,也呈现出明显的原生态性。

以大型实景演出《延安保卫战》为例,该演出采用真枪实弹的全新演出模式,给观众带来一种强烈的视听觉冲击,使他们有一种回到当年烟消弥漫、军民团结奋战的场面中去。此外,游客也被允许参与演出,可以穿上军装、拿起钢枪,一同为保卫战的最终胜利奋进。这种人为再创的"原生态"场景,能够在很大程度上将观众带入某一历史场景中,在唤起他们的某种记忆的同时,也使他们在这种体验式的旅游中提升了自己的审美感知。

(二)题材素材的原生态性

旅游演艺题材和素材的选择往往基于当地的原生态文化,而且这种原生态文化的特色越明显,旅游演艺的题材和素材的原生态性也会越显著。

以《宋城千古情》为例,该旅游演艺产品以杭州的神话传说、历史典故等原生态文化为依据,融当地的文化习俗以及现代性的歌舞、杂技等于一体,借助现代科技手段,在给观众带来文化心理震撼的同时,也为他们感受"宋"时人文风情提供了一个极具"原生态性"的空间环境。

(三)舞蹈音乐的原生态性

舞蹈音乐的原生态性主要表现为旅游演艺产品中所含的舞蹈、音乐是源自旅游目的地特有的地域文化中。正所谓"一地有一地的文化原态,一方有一方的人文特色",基于地方性文化建构的旅游演艺,能够在很大程度上彰显地方舞蹈、音乐等元素的原生态美。

比如《天门狐仙·新刘海砍樵》,创编团队为了生动凸显这一作品的内涵与价值,深入武陵山区,观摩当地原生态的舞蹈、收录当地的山歌民谣等,最后将收集到的舞蹈、音乐等融入作品之中,使该作品带有鲜明的原生态色彩,深刻彰显了作品的内涵与价值、受到了各地观众的喜爱。

三、奇观化：被展现的大众审美趣味

奇观化作为旅游演艺的一个重要艺术特征,对旅游演艺活动的开展以及产业质量的推进都具有重要意义。从某种程度上来说,奇观化既是旅游演艺自带的一种特质,也是旅游演艺对大众审美趣味的有意迎合。具体来说,旅游演艺的奇观化主要体现在以下几个方面,即表演形式的杂糅性、内容建构的异质性以及呈现方式的炫技性。

(一)表演形式的杂糅性

作为一种新颖的艺术门类,旅游演艺虽然有一定的"理",但并无固定的"法"。换句话说,相较于其他的艺术表演,旅游演艺最突出的特点就是"无类可依"。旅游演艺就像一个艺术的大拼盘,能够很好地融合其他的艺术门类、艺术表现形式。

以剧场类的旅游演艺为例。受制于空间范围的影响,剧场类的旅游演艺相对单一,但即便如此,剧场类旅游演艺的表演形式也呈现出杂糅性的特征。比如上海时空之旅文化发展有限公司推出的《时空之旅》,将舞蹈、音乐、杂技等多种表演形式有机融合在一起,打造出一款融合了传统文化内蕴与现代科技元素的时代精品。

但是,表演形式的杂糅性并不意味着可以将任何一种表演形式进行随意的组合,而是要求旅游演艺企业在设计、开发的过程中,充分认识与把握旅游演艺目的地的历史文化内涵,同时借鉴高科技因素,合理地选择、安排艺术表演形式,这样不仅能够最大限度地展示所选艺术表演形式的魅力,呈现给观众奇观化的审美感知,而且能够提升旅游演艺的整体效果。

(二)内容建构的异质性

内容建构的异质性也是旅游演艺奇观化的一个重要体现。从某种意义上可以说,旅游演艺内容的异质性建构正是吸引游客前来观看的重要因素。旅游演艺的地方特色越明显,就越能激发异地游客求知猎奇的强烈兴趣。

以《印象·刘三姐》为例。广西桂林广维文华旅游文化产业有限公司在推出这一旅游演艺产品时,极为重视异质性演艺内容的建构。比如,在表演道具的选择上,他们选用了当地渔民日常生活用具(竹筏、耕牛、渔网等);表演场景的选择上,则选用了当地渔民最为普通的生活场景(如村妇洗衣、耕牛归家等)……这种最普通的东西,恰恰成为都市化进程中快节奏生活的游客难得一见的异质文化符号,很好地满足了他们对慢节奏生活的需求,使游客能够在这种"异质性"的环境中,感知旅游演艺产品带来的审美趣味。

然而,内容建构的异质性并不是旅游演艺的内容越"奇"、越"陌生"越好,这种异质性需要建立在深刻、准确把握地域文化特色和游客心理基础上。倘若一味追求内容建构的异质性,不仅会影响旅游演艺产品奇观化的呈现,而且影响游客的理解,进而影响他们整体的旅游体验,使当地旅游演艺产业的发展受限。

(三)呈现方式的炫技性

技术表演既是旅游演艺的重要组成部分,也是旅游演艺奇观化呈现的重要手段。在具体的旅游演艺过程中,技术往往被赋予表现某种意境或营造某种氛围的韵味,表演者可以借助技术来完成动作的建构和主题的传达,而制作方则可以通过技术手段来刺激游客的感官。

以《九寨千古情》为例。该旅游演艺在展现原汁原味藏羌风情的同时,借助各种高科技手段,比如全彩激光灯、4D 环震椅、移动车台等,用不可思议的舞台特技与空间创意,让游客体验了一把"穿越时空"。

需要注意的是,旅游演艺呈现方式的炫技性是基于旅游演艺产品的具体内容而定的。换句话说,旅游演艺是否需要借助高科技、借助何种高科技,都需要充分把握旅游演艺产品的本质与主题表达。否则,就容易出现过犹不及的尴尬局面,从而影响旅游演艺产品整体价值的彰显。

第三节　旅游演艺的发展历程

旅游演艺是一种始终处于发展状态的活动,其发展历程大致经历了三个时期,分别是旅游演艺的原始初创期、旅游演艺的成长繁荣期以及旅游演艺的扩张升级期。

一、旅游演艺的原始初创期

(一)古代的旅游演艺

从旅游演艺的研究视角出发,我国部分学者认为旅游演艺的开端主要有两个,其一是1982年陕西省歌舞剧院所推出的《仿唐乐舞》,其二是20世纪90年代深圳锦绣中华民俗文化村所推出的《世界之窗》。[1]

旅游演艺并非新生事物,在我国可以说早已有之,其历史雏形可追溯到古代帝王在行宫别苑所观赏的歌舞。[2] 之后,旅游演艺不断向城市、民间延伸,在丰富自身内蕴的同时,也极大地满足了人们的精神文化需求,比如宋朝瓦肆勾栏的戏曲杂技等。

根据史料记载,在我国唐朝时,在一些较为发达的城镇娱乐场所就已经出现了民间的戏剧演出;元明时期的宴厅、船舫中也都普遍流行戏剧表演,表2-4为元明时期演出剧目的类别;明中叶后,戏剧表演日益完善,既包括文人雅士所欣赏的"雅剧",也包括乡村百姓观看的"俗剧"……这些都说明了在我国古代,旅游演艺雏形已然出现,并在不断地完善。

表2-4 元明时期演出剧目的类别[3]

类别 剧目	礼节传簿 (个)	乐府红珊 (个)	永团圆 (个)
滑稽诙谐	10	0	0
忠孝节义	5	9	0
宴会喜庆	5	24	0
阴德果报	4	5	0
风情离合	13	26	20
游赏隐逸	0	9	3
仙佛神话	10	0	25
豪侠征战	52	5	45
训诲功名	1	22	7

(二)近现代的旅游演艺

从实质上来讲,我国旅游演艺的初创期真正开始于近现代,当时"多以

[1] 杨卫武,徐薛艳,刘嫄.旅游演艺的理论与实践[M].北京:中国旅游出版社,2013:15.

[2] 朱立新.中国古代的旅游演艺[J].社科纵横,2009(12):97.

[3] 郭英德.文明的文学传播与文学接受[J].求是学刊,1999(2):33.

表演的方式出现在国内外重大的会议、节日中"[1]。比如在1873年奥地利的维也纳世博会上，我国出席并进行了盛大的演出。

近现代旅游演艺的形式与当前有着很大的相似性，包括歌舞、戏剧、杂技、曲艺等。虽然旅游演艺在我国近现代发展历程中遭遇了诸多的波折，但从整体上来讲，其是随着我国旅游业的发展而不断充实与完善的。

二、旅游演艺的成长繁荣期

自改革开放之后，我国的旅游业呈现出繁荣的发展态势。为了提高景区的知名度和声望，也为了更好地丰富游客的旅游体验，各大景区开始推出形式多样的文娱演出活动，翻开了我国旅游演艺成长繁荣期的新篇章。这一时期，我国旅游演艺的特征主要体现在以下几个方面。

（一）主题公园内旅游演艺产品崭露头角

从20世纪90年代起，我国不少的知名主题公园开始推出系列贴合主题的旅游演艺节目，不仅丰富了游客的旅游体验、提高了景区的知名度，而且获得了可观的经济效益。

这一时期主题公园内旅游演艺产品的特点主要体现在以下几个方面：其一，旅游演艺节目类型多样；其二，旅游演艺产品主题鲜明；其三，旅游演艺内容丰富且具有系列效果。

（二）专业剧场争相打造旅游演艺产品

专业剧场的出现，主要是为了弥补主题公园倡导的"白天看庙、晚上睡觉"旅游模式所带来的弊端，优化旅游市场资源格局，更好地满足游客的旅游消费需求，推动旅游市场的良性发展。

专业剧场所推出的旅游演艺产品具有较高的专业性和艺术性，不仅很好地展现了艺术的魅力，而且提升了相应旅游目的地的知名度以及游客的审美体验。这一时期比较有代表性的专业剧场旅游演艺产品有陕西精心打造的《唐·长安乐舞》、北京推出的《北京之夜》等。

---

[1]　杨卫武，徐薛艳，刘媛.旅游演艺的理论与实践[M].北京：中国旅游出版社，2013：15.

（三）宴饮场所旅游演艺产品初现端倪

主题公园、专业剧场推出的旅游演艺产品的成功,激发了人们的创新动力,人们开始尝试研究并实施各种类型的"旅游＋演出"模式,宴饮场所推出的美食宴舞就是其中的一种。

宴饮场所旅游演艺产品的最大特征就是既能够有效满足游客观赏美景的需求,又能够给予游客享受美味的体验,通俗来讲,就是游客既可以"饱眼福",也可以"饱口福"。这一时期比较有代表性的宴饮场所旅游演艺产品有《木府古宴秀》《仿唐乐舞》等。

三、旅游演艺的扩张升级期

进入 21 世纪之后,随着我国社会经济的快速发展,旅游业呈现出勃勃生机,旅游演艺也"水涨船高",呈现出良好的发展势头。这一时期,旅游演艺的特征主要体现在以下几个方面。

（一）地域分布上的拓展

借助于当地有名的景区、景点或地域文化,我国不同的省份开始着手打造属于自己的旅游演艺产品,在形成具有显著地域文化的"城市名片"的同时,也为本省各方面的发展助力。这种趋势使得旅游演艺在地域分布上得到了拓展,旅游演艺市场也更加完善,表 2-5 是我国部分有代表性旅游演艺剧目。

表 2-5　我国部分旅游演艺剧目

剧目	演出地点	特点
宋城千古情	杭州宋城	①以杭州历史典故、神话为基点 ②采用室内立体全景式表演形式 ③将杂技与歌舞有效结合 ④借助高科技手段营造意境
印象·刘三姐	桂林阳朔	①以刘三姐山歌、广西民族风情为基点 ②彰显人与自然的和谐关系
梦回大唐	西安大唐芙蓉园	①集诗、乐、舞艺术于一体 ②借助高科技手段彰显华贵、大气内蕴

剧目	演出地点	特点
北京之夜	北京	①集舞蹈、音乐、杂技、戏剧等于一体 ②与主题餐饮、商品经营相结合 ③展现了中华上下五千年的文化艺术
禅宗少林·音乐大典	河南登封	彰显了对佛与人、生命本源、艺术与宗教等的关注、思考与探索
印象·丽江	云南丽江	①以玉龙雪山为基点 ②以纳西族民俗风情为演出核心 ③展现散居丽江的少数民族的生活状态
华夏传奇	山东威海	①发明了会"跑"的看台 ②借助高科技手段确保演艺的不可复制性
西江盛典	贵州雷山县	①以厚重的苗族文化为内蕴 ②以传统苗寨为实景舞台 ③借助高科技手段彰显地域特色与文化魅力

（二）演出形态上的突破

我国的传统文化艺术形式非常丰富，诸如戏剧、舞蹈、音乐、杂技、武术等皆是历史悠久而又源远流长。历史发展的经验告诉我们，不同艺术之间可以相互融合，而且它们之间的相互融合、碰撞，往往能够激起意想不到的火花，产生无法预知的良好效果。当下，借助于高科技手段，将更多的科技元素融入演艺表演的过程中，在促进不同艺术形式之间有效融合的同时，也增添了艺术表演的魅力。

这种演出形态上的突破，一方面源自高科技因素的有效填充，另一方面也彰显了民族的艺术创作活力。演出形态由单一走向多元（即融原生态表演与科技因素于一体），不仅是旅游演艺不断得以完善的重要体现，也是繁荣旅游市场的重要举措，当然对于游客审美体验的提升也具有重要意义。比如上海的《时空之旅》，既有传统杂技的高超演绎，又有国外极限竞技的刺激呈现，既包含了传统民乐的艺术内蕴，也融入了电声音乐的独特魅力……这种演出形态上的突破，不仅给观众带来了独特的艺术享受，而且使旅游演艺呈现出了旺盛的生命力。

（三）制作手段上的提高

旅游演艺在吸引游客、彰显景区魅力、推动旅游市场发展等方面有巨大的作用,使得全国各地的景区为抢占旅游演艺所带来的资源,纷纷对旅游演艺的制作手段进行升级换代,力图借助各种高科技手段(如光、电等)为传统的演出活动注入新的活力,这从旅游演艺的巨额投资中便能窥得一二,表2-6为我国部分大型旅游演艺产品的投资概况。

表 2-6　我国部分大型旅游演艺产品投资概况

节目	投资额(元)	演出地
《风中少林》	2000 万	郑州
《长恨歌》	5000 万	西安
《印象·刘三姐》	近 7000 万	桂林
《印象·西湖》	1 亿	杭州
《印象·丽江》	2.5 亿	丽江
《龙船调》	2.06 亿	湖北
《西江盛典》	3.6 亿	贵州

（四）产业链的日趋完善

从某种意义上来讲,旅游演艺属于一种无边界或边界极为模糊的产业,相关企业都可以借助旅游演艺所延伸出来的价值链进行生产、营销等活动。众所周知,旅游业和演艺业本身都属于涵盖范围较大的产业,它们的融合发展,更是放大了产业间的协同效应,不仅推动了两大产业自身的发展,也为其他相关产业的进步提供了更好的机会。

以上海推出的《时空之旅》为例,这一旅游演艺产品共推出八大看点,分别是"梦幻之境""时空秀水""碧波轻舟""千古绝顶""生命之轮""天籁之音""时空之恋""时空穿梭",这八大看点不仅很好地满足了观赏者的需求,而且展现了上海独特的魅力,《时空之旅》也因此被人民日报评论为"文化演艺的奇迹,文化创新的典范"。而《时空之旅》延伸出来的产业链更是"蔚为壮观",涉及诸多的行业(如旅游、文化、金融等),带动了一批相关产业的飞速发展,图2-3为《时空之旅》的产业链图示。

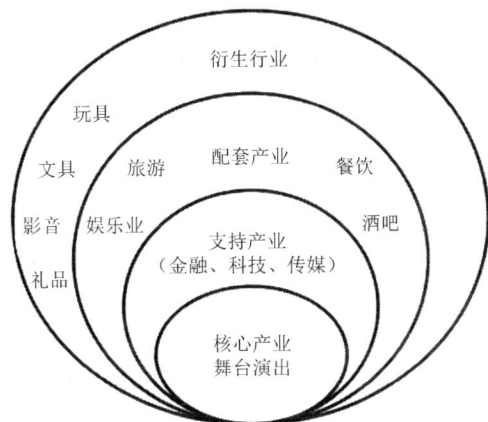

图 2-3 《时空之旅》产业链图示

(五)受关注度的不断提升

旅游演艺在景区知名度的提升、促进当地经济发展等方面的积极作用,使得各地政府、企业等给予了旅游演艺等多的关注,并采取了相应的举措来加快推进旅游业与演艺业的融合发展。

文化部、国家旅游局曾联合推出了一批旅游演艺类项目,如表 2-7 所示,这一举措使得旅游演艺的受关注度提升了一个档次。

表 2-7 部分国家文化旅游重点项目名录——旅游演艺类演出项目

序号	名称	主办单位
1	《宋城千古情》	浙江杭州宋城旅游发展股份有限公司
2	《印象·丽江》	云南丽江玉龙雪山印象旅游文化产业有限公司
3	《印象·刘三姐》	广西桂林广维文华旅游文化产业有限公司
4	《时空之旅》	上海时空之旅文化发展有限公司
5	《禅宗少林·音乐大典》	郑州市天人文化旅游有限公司
6	《长恨歌》	陕西华清池旅游有限公司
7	《云南映像》	云南杨丽萍艺术发展有限公司
8	《孔子》	山东济宁市曲阜孔子文化艺术团
9	《相声、戏曲集萃》	天津名流茶馆

各地政府、企业等对旅游演艺的关注与支持,在很大程度上推动了旅游演艺市场的发展。但是,当下我国旅游演艺还存在诸多的不足,比如专业化

程度不足、品牌化不强、尚未形成规模化效应等。因此,在今后的发展过程中,旅游演艺一方面需要相关部门、企业等的大力支持,另一方面需要旅游目的地结合自身的特色与演艺业融合互补,从而推动旅游演艺朝着专业化、品牌化、规模化等方向发展。

第四节 旅游演艺发展的影响因素

旅游演艺的发展受诸多因素的影响,对这些影响因素进行必要的分析,能够为旅游演艺的稳定、持续发展提供巨大的动力。本节主要从社会、市场、企业、产品四个层面出发,来分析影响旅游演艺发展的因素。

一、影响旅游演艺发展的社会因素

影响旅游演艺发展的社会因素主要包括四个方面的内容,即经济环境、社会环境、文化环境以及宏观政策,具体分析如下。

(一)经济环境

从经济学的角度来分析旅游演艺,其属于一种"奢侈品",换句话说,只有当人们的经济收入达到一定的水平,才能进行旅游演艺的相关消费。

随着现代化建设的持续快速发展,人民大众的物质生活水平大幅提高,其精神文化生活的多样化需求也随之增长。除了公共文化服务体系所提供的基本保障外,建立在个人消费方式基础上的文化市场与旅游演艺就成为满足人民大众多样化的精神文化需求的重要途径。

(二)社会环境

社会环境是由一系列因素共同构成的,所涵盖的内容非常的广泛,比如就业、科技、政治、经济状况等,它是旅游演艺生存、发展所必不可缺的"软环境"。可以说社会环境的好坏在很大意义上影响,甚至是决定着旅游演艺的发展状况和态势。

"十三五"以来,我国采取了诸多的措施来完善政治、经济体制,为我国经济社会的稳定发展创造了良好的社会环境。就业政策的不断更新、法律的不断完善、科技的不断创新、环境的不断优化……这些都使得人们的生活变得更加的幸福与安稳,生活质量也持续攀升。社会环境的稳定发展、人们生活质量的持续攀升,又是旅游演艺消费市场不断发展的持久动力。

（三）文化环境

从某种意义上来讲,文化动机是激发人们进行旅游活动的一个重要动机,基于对某种文化的追求,人们往往会切实地到相应文化的发源地进行探索。这种行为既是人们满足自身文化需求的重要体现,也在一定程度上使该地区的文化氛围更加浓厚。而在此基础上形成的旅游演艺,则能够借助文化环境的驱动,实现自身的发展,所以说文化环境也是影响旅游演艺发展的一个重要的社会因素。

我国是一个多民族的国家,不同的民族在长期的发展过程中,形成了独具魅力的民族文化,如中原文化、秦淮文化、吴越文化、闽南文化等,这些文化又共同构成了博大精深的中华文化。借助于这些独具魅力的民族文化,景区将旅游与演艺巧妙地融合在一起,既有效彰显了当地的文化内蕴,又提升了旅游演艺的核心竞争力。

（四）宏观政策

国家的宏观政策也是影响旅游演艺的一个重要社会因素,其不仅能够为旅游演艺的发展提供相应的支持,而且在很大程度上决定着旅游演艺整体的发展方向。通常来说,与旅游演艺相关的政策主要包括两大类,其一是旅游演艺发展战略方面的政策,其二是旅游演艺发展环境方面的政策,这些政策出台的目的都是促进旅游演艺的良性发展。

二、影响旅游演艺发展的市场因素

影响旅游演艺发展的市场因素主要包括四个方面的内容,分别是旅游演艺的结构、客源市场、消费趋势以及市场竞争。

（一）旅游演艺发展的结构

从整体上来讲,旅游演艺发展的结构主要由四部分内容构成,即核心产业（驱动力）、支持产业（挖掘力）、配套产业（推动力）以及衍生产业（衍生力）,其中每一部分又包含着不同的内容,如图 2-4 所示。

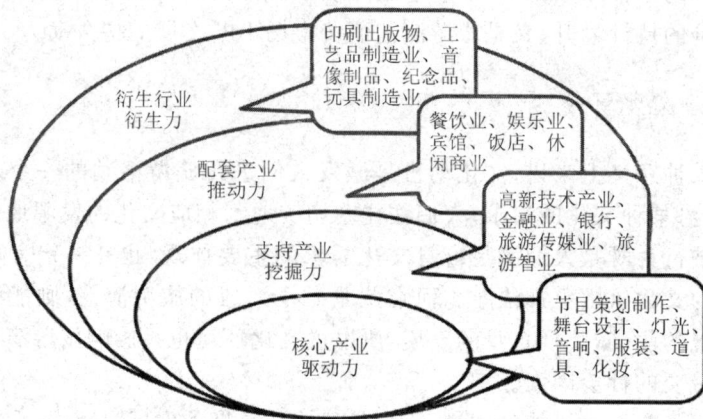

图 2-4 旅游演艺发展的结构

1.核心产业

核心产业主要指旅游演艺所直接涉及的对象,比如灯光、道具、舞台设计等,它是旅游演艺的驱动力,能够为旅游演艺空间的拓展,以及旅游演艺产业链价值的凸显等提供强大的动力支持。

2.支持产业

支持产业主要指为演出提供支持(如技术、资金等)的一系列关联产业,诸如银行、旅游传媒业等都属于旅游演艺的支持产业。支持产业是推动旅游演艺发展的挖掘力,其价值主要体现在能够为旅游演艺产业价值链的纵深挖掘提供支持。

3.配套产业

配套产业主要指以旅游演出为核心,并为旅游演出提供相应服务的一系列关联产业,它是旅游演艺发展的重要推动力,诸如餐饮、娱乐、饭店、宾馆等属于配套产业的范畴。配套产业的价值主要体现在其能够为旅游演艺的发展提供有针对性的服务,并且能促使旅游演艺发挥后续联动效应。

4.衍生产业

衍生产业是在旅游演艺后续联动效应的基础上形成的,是推动旅游演艺发展的衍生力。旅游演出活动结束并不意味着旅游演艺价值链的完结,相反,景区往往会推出一系列的衍生产品,如纪念画册、音像制品等,既创造新的盈利空间,也进一步提高景区的知名度。

（二）客源市场

客源市场对旅游演艺的影响也是巨大的，通过对客源目标市场的分析，能够有效掌握客源量、分布结构等，从而为旅游演艺相关策略的制定提供必要的参考依据。

根据不同的划分标准，可以将客源市场分为不同的类型。最常见的有按照地理位置和需求总量两个层面来对客源市场进行细分。

1.按地理位置细分

按地理位置细分，可以将客源市场分为三种类型，分别是近时距市场、中时距市场以及远时距市场。其中，近时距市场主要指以旅游演艺所在省、市、自治区或直辖市为主要客源地的客源市场，中时距市场主要指以主客源地周边地区为次要客源地的客源市场，远时距市场主要指以国内其他省、市、自治区或直辖市以及国外为主要客源地的客源市场。

以上海旅游演艺客源的空间结构（如图 2-5 所示）为例。从图中能够看出，上海旅游演艺的客源市场以当地市民为主，其他省、市为次要客源地，国外游客占有一小部分比例。

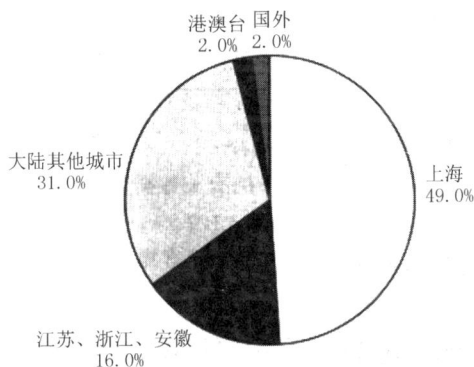

图 2-5　上海旅游演艺客源的空间结构 [1]

2.按需求总量细分

根据需求总量，可以将客源市场细分为主要客源市场（以城市居民为主）和次要客源市场（以农村居民为主）。受经济收入、教育程度等多方面因

[1]　杨卫武,徐薛艳,刘嫄.旅游演艺的理论与实践[M].北京:中国旅游出版社,2013: 37.

53

素的影响,不同主体对旅游演艺的需求存在显著的差异,但从整体上来讲,城市居民的旅游演艺消费需求明显高于农村居民。

当前我国旅游演艺产品客源主要来自一、二线城市,上海是最大的客源市场,其次是武汉和成都,再次是西安、重庆、北京和杭州,最后是长沙、苏州、郑州、深圳、广州和南京。[1]

(三)消费趋势

消费趋势也是影响旅游演艺发展的市场因素之一。对社会整体的消费趋势进行必要的分析,对制定正确的旅游演艺战略与策略具有重要的意义。可以从消费综合性、消费特色性、消费层次性以及消费参与性四个方面,来分析消费趋势对旅游演艺发展的影响。

1.消费综合性

近年来,随着经济社会的快速发展,人们在旅游方面的消费支出比重越来越大,进行旅游活动的频率也越来越高,但也呈现出对单一景观(自然景观或人文景观)兴趣锐减的态势。换句话说,人们更倾向于综合性较强的旅游目的地,这种旅游目的地不仅需要包含自然景观和人文景观,而且需要集娱乐性、体验性与知识性于一体,从而满足他们日益多元化的消费需求。人们所追求的这种综合性的消费模式,对旅游演艺发展是有巨大影响的,各景区只有不断地完善自己的旅游演艺产品,才能更好地满足人们的消费需求,才能在激烈的旅游市场占据主动地位。

2.消费特色性

消费特色性主要体现为人们越来越追求对个性、新颖、有趣事物的消费,也更加偏爱或青睐独具特色的旅游活动。这就要求景区所开展的旅游演艺活动以及推出的旅游演艺产品必须具备独特性,这样才能更好地满足人们的消费需求,才能更好地展现景区的独特魅力。

3.消费层次性

消费的层次性主要受两个方面的因素影响,其一是人们的收入水平,其二是人们的受教育程度。这就要求景区在开展旅游演艺活动时,充分考虑

[1] 前瞻产业研究院.2020 年中国旅游演艺行业市场现状与竞争格局分析[DB/OL].
https://www.360kuai.com/pc/9788ab743cebfc78c? cota=4&kuai_so=1&tj_url
=so_rec&sign=360_57c3bbd1&refer_scene=so_,2020-09-11/2020-11-12.

人们的收入水平和受教育程度,尤其要重视票价的设定以及演出内容的选择,从而确保不同消费层次的主体都能够得到最大限度的满足。

4.消费参与性

消费参与性主要体现为人们在进行旅游消费活动时,渴望通过参与、互动来丰富自己的旅游体验。这种参与性与体验性既是人们日益成熟的消费需求的体现,也是今后旅游项目应着力发挥的重要方面。横店影视城所推出的重点项目《梦幻太极》就十分注重消费参与性,通过安排小丑与观众互动,或邀请观众参与节目等活动,不仅满足了消费者的参与性需求,而且为旅游演艺创作了良好的氛围。所以说,旅游演艺应通过各种形式的表演,让观众切实地参与其中(可以是某一环节),满足他们体验性消费需求的同时,也为自身的发展注入新的动力。

三、影响旅游演艺发展的企业因素

从企业层面来看,企业的内部价值链和营销战略会影响旅游演艺的发展路径和方向。

(一)企业价值链

旅游演艺的企业价值链对象是旅游演艺产品,目标是满足消费者的需求,主要由基本活动价值与辅助活动环节构成。旅游演艺企业以价值链为渠道组织生产流程,研发、生产演艺产品,利用市场营销寻找目标,从而在市场交换中实现自身的价值。演艺企业价值链系统构成方式主要有两种,第一种是旅游演艺企业核心价值链,包括需求分析、内容创作、生产制造、营销推广、消费交换五个环节;第二种是旅游演艺价值实现过程,包括价值挖掘、价值创造、价值开发、价值捕捉、价值实现、价值最大化六个环节。具体如图2-6所示。

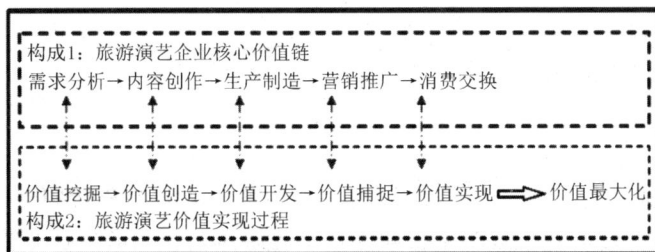

图 2-6　旅游演艺企业价值链系统图

（二）企业发展要素

旅游演艺的发展面临着外部环境和内部环境两大系统。其中,内部环境包括技术、文化、资源;外部环境包括旅游演艺企业所在行业、旅游消费市场、政府及相关产业部门。旅游演艺发展的内部环境和外部环境彼此支撑、相互作用,进行优化组合,从而使旅游产业具有发展动力。可以从迈克尔·波特的"钻石模型"(如图 2-7)结构,来系统分析旅游演艺企业的发展要素。

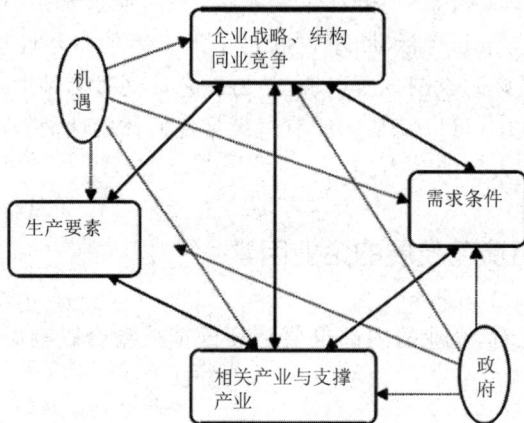

图 2-7　波特发展要素优势"钻石模型"

1.生产要素

旅游演艺发展的生产要素有文化资源优势、经济发展优势、区位优势、信息基础优势等,这些要素都能够有效提升旅游演艺的竞争力。目前来看,我国的旅游演艺企业拥有较好的基础资源优势。

2.需求条件

在需求和供给的动态平衡之中,旅游演艺企业可以得到良好的发展。随着我国经济的发展与公众闲暇时间的增多,公众文化消费的需求也逐渐增大,巨大的文化需求是旅游演艺企业发展的重要动力。

3.企业战略

旅游演艺企业在运营的过程中,使用的各种战略会渗透到运营管理的方方面面,良好的发展战略不仅能够帮助旅游演艺企业形成独特的文化,同时还能够提升营收的利润,帮助旅游演艺企业创造更多附加值。

4.相关产业和支撑产业

旅游传媒业、旅游娱乐业等属于旅游演艺的相关产业与支撑产业。旅游演艺的相关产业和支撑产业同样对旅游演艺的发展具有重要的作用,能够帮助旅游产业实现知识共享,为旅游演艺创造良好的信息环境.提供技术支持等。

5.政府

政府的支持能够为旅游演艺的发展提供良好的环境,当前我国的各级政府十分重视旅游演艺的发展,提出了一系列有利于旅游演艺发展的政策,越来越重视旅游演艺战略的构筑与规划。

6.机遇

重要的契机对旅游演艺发展的重要性不言而喻,人均收入的提高,人类文化素养的升级,国际性交流活动的开展,对旅游演艺的发展来说都是良好的机遇,旅游演艺企业应当积极抓住这些机遇,不断完善自身的发展要素,优化内部结构,提升可持续发展的竞争力。

四、影响旅游演艺发展的产品因素

旅游演艺产品承载着当地的文化特质以及文化内涵,也是影响旅游演艺发展的重要因素之一。所以,有必要从多个角度,如文化角度、产业角度、产品角度、社会事业角度等,对文化产品进行更新升级,这样有助于增强产品的活力和市场竞争力。

（一）从文化角度对当地资源进行提炼

当地的旅游资源可以概括为人脉、地脉、文脉、水脉与山脉。

人脉是指当地的历史文化传承以及民俗等,可以充分展现出一个地方的底蕴;地脉能够通过位置、格局的变化来展现地方的地理情况;文脉能够通过建筑、街道等展现地方的魅力;水脉能够通过河流湖泊展现人与自然的和谐;山脉能够通过壮阔起伏的山川彰显自然的魅力。

旅游演艺应从文化的角度对当地的旅游资源进行提炼,将当地的人脉、地脉、文脉、水脉与山脉与旅游演艺结合起来,使旅游演艺具有鲜明的特色.这样旅游演艺能够体现出深刻的文化内涵与地域特色。

（二）从产业角度实现旅游业和演艺业的融合

举世闻名的巴黎红磨坊、纽约百老汇等为旅游演艺企业树立了参考的样本，深入思考并协调旅游业与演艺业之间的关系，才有可能在旅游演艺市场中发现新的生机，可以更好地吸引人们的关注，引导游客旅游消费行为的改变。

（三）从产品角度实现演艺设计和票务销售的协调

从产品的角度出发，在开发、设计旅游演艺产品时，演艺企业要在内容和形式上多下功夫，尽可能将我国的传统文化因素融入旅游演艺产品中，这样不但能满足游客的多元化需求，还可以推动我国传统文化的传承与发展。

另外，还要协调好票务销售工作，完善旅游票务信息系统，使票务服务更加国际化、信息化、科技化。同时也要做好票务监督工作，派遣专业人士对演出票价进行审查，统一核准票价，开放网络订票、电话订票、网上支付等便捷的功能。

（四）从社会事业角度实现休闲需求与道德提升的统筹

随着社会的发展，人民生活品质的提高，人们的休闲意识也有了很大的提升，从"五一假期""十一黄金周"各个景区游客爆满、人山人海这一现象就可以充分看出来游客的休闲需求，这对旅游演艺产品而言是一个很好的契机。因此，要从社会事业的角度把握休闲需求，并打造对社会文化环境以及道德提升具有促进作用的一系列产品，将旅游演艺产品与思想道德教育相结合，弘扬健康社会道德。

第三章 文旅融合视角下旅游演艺的空间布局

空间布局是旅游演艺发展研究中至关重要的部分,本章基于文旅融合视角,对旅游演艺的空间布局进行了具体的阐述,首先阐述了旅游演艺的空间结构,其次分析了旅游演艺空间分布的变化,再次讨论了旅游演艺空间分布的驱动力,最后探讨了旅游演艺空间布局优化,以期通过对旅游演艺空间布局的研究,来为旅游演艺的发展提供科学的参考。

第一节 旅游演艺的空间结构

旅游演艺空间结构的合理布局有利于实现区域旅游要素的优化配置,发挥各方面的特色与优势,促进区域旅游业的协调可持续发展。根据不同的分类依据,可以将旅游演艺空间结构分为不同的类型(如表 3-1 所示),本节将从三个层面来具体阐述旅游演艺的空间结构类型:一是旅游演艺空间的依托物,二是旅游演艺空间的均衡度,三是旅游演艺空间的密集度。

表 3-1 旅游演艺空间结构类型

依据	分类
依托物	景区依托型
	城市依托型
	文化依托型
	城市—景区依托型
均衡度	集中型
	单薄型
	均衡型

续表

依据	分类
密集度	集聚型
	相对分散型
	圈层集中型

一、按依托物分类

以依托物为分类依据,可以将旅游演艺空间结构类型分为景区依托型、城市依托型、文化依托型、城市—景区依托型四种。

(一)景区依托型

旅游演艺是从城市中发展起来的,但其与景区的关系也十分密切。由于旅游演艺的迅猛发展,许多景区开始重视旅游演艺,并将其作为提升自身旅游形象和关注度的重要内容。由此,旅游演艺在景区不断发展,景区依托型的旅游演艺逐步形成。

1.景区依托型的优势

通常来说,国内外具有一定的影响力、文化氛围浓郁且游客数量众多的景区更容易产生旅游演艺,这些景区优势主要体现在以下几个方面。

第一,景区旅游者众多,观众基数大,可以保证多台旅游演艺正常进行所必需的观众数量。

第二,景区和区域中心城市具有一定的距离,旅游者难以在一天内返回,但这类景区或其周围已经具备了城市的基本功能。

第三,景区的范围通常比较大,可以观赏与游览的内容也很多,能够使游客具有较深刻的游览体验。

第四,景区的发展比较成熟,管理十分到位,很容易形成"夜旅游"氛围。

第五,景区周边已经有了相对成功的旅游演艺项目,这会吸引旅游演艺项目投资者向景区周围投资,由此旅游演艺会在景区及其周围汇集,最终形成庞大的旅游演艺团队。

2.景区依托型的问题

在实践中,景区依托型旅游演艺的空间分布在形成一定的规模时,也会出现各种各样的问题,具体有以下几点。

第一,景区依托型旅游演艺的空间分布相对较为集中时,旅游演艺的项目密度也相对较高,因此,也就需要较多的游客。而游客的增长速度很难满足旅游演艺活动对观众的需求,尤其是淡旺季会出现明显的游客量浮动问题,各旅游演艺为了争夺有限的观众,很容易出现恶意竞争的现象,从而对当地的旅游形象产生不良的影响。

第二,旅游演艺中最为重要的内容即其体现的文化内涵,每个旅游演艺团队都想对本地文化进行深入挖掘,但是由于景区依托型旅游演艺空间十分狭窄,会导致旅游演艺在文化的挖掘方面出现重复的现象,这使得各旅游演艺的节目会比较相似,缺乏创新,甚至还会出现模仿他人节目的情况,这种现象不利于旅游演艺事业的长远发展。

第三,景区依托型旅游演艺的特点是"在小空间内密集分布",在这样的情形之下,一些实力相对较强的旅游演艺项目在市场口碑、政府扶持、营销策划等方面则具有明显的优势,而这会对其他旅游演艺项目产生市场压制,影响其他旅游演艺的发展。另外,两个实力相当的旅游演艺可能会出现恶性竞争的情况,这使得当地的旅游演艺市场无法形成市场合力,从而影响该地旅游演艺整体水平的提升与发展。

(二)城市依托型

城市是旅游发展的依托,也是游客客源地、旅游接待地和旅游集散中心。城市一直是游客关注的热点,尤其是历史文化名城、知名旅游城市(如北京、西安、杭州等)等。知名旅游城市游客相对较多,为了缓解因游客过于集中而导致的游客夜生活相对贫乏的现象,我国部分城市开始开展丰富的游客夜间活动,以期通过"夜间旅游"来丰富人们的夜间生活、促进"夜间经济"的发展。在这样的背景下,城市依托型旅游演艺也就逐渐形成了。

其中,西安、北京的旅游演艺发展最为典型。

西安是历史文化名城,具有丰富的旅游资源,是我国旅游发展起步相对较早的城市。1982年,为了向国外来宾展现西安的文化底蕴,陕西歌舞剧院推出了节目《仿唐乐舞》,我国旅游演艺的序幕由此开启。

北京作为我国的首都与历史文化名城,深受游客喜爱。游客到北京旅游,大多希望获得较深层次的文化感受,为了满足游客的需求,北京推出了许多不同类型的旅游演艺节目,如《功夫传奇》《大中华乐舞》等,形成了旅游演艺集中现象。

旅游演艺的城市依托型空间分布的特点大致可概括为三点,具体如下。

第一,旅游演艺城市属于特色旅游城市,知名度高,影响力大,游客稳定且可以同时满足多台旅游演艺对观众基础数量的要求。

第二,城市交通相对便利,具有明显的区位优势,游客进出便捷。

第三,城市文化内涵丰富,可满足多台旅游演艺对文化进行多方解读的需求。

(三)文化依托型

从某种程度上可以说,旅游演艺是依托某种文化存在的,能够密集分布在特定的空间,且节目内容同文化具有直接或间接的关系,此即文化依托型旅游演艺空间分布。文化依托型旅游演艺空间分布具有以下特点。

首先,这种类型的旅游演艺从本质上来说是纯文化类型的旅游演艺,基本的节目类型有实景演出、民族歌舞等。

其次,这种类型的旅游演艺依托的文化在全国,甚至是世界上都具有突出的影响力,具有十分深刻的内涵,可以被深度挖掘。

最后,这种类型的旅游演艺所在的区域一般是文化核心区域,旅游业发展相对成熟,细分的旅游市场也已经基本形成。

延安、开封、丽江等地的旅游演艺空间分布即属于文化依托型的空间分布。以延安为例,延安是我国革命的圣地,具有丰富的红色文化资源,延安利用自身的资源优势,推出了许多红色旅游演艺节目,如《延安保卫战》《延安保育院》等。

(四)城市—景区依托型

通常,城市—景区依托型分部的旅游演艺特点大致有四点,具体如下。

第一,旅游演艺通常位于城市或城市的郊区,且城市旅游业起步早,游客数量稳定。

第二,城市中具有比较集中的主题公园或适合旅游演艺发展的主题景区。

第三,城市具有鲜明的特色,如是新兴旅游城市、历史文化名城等,旅游吸引力非常强。

第四,该类旅游演艺所在的景区通常是通票类景区,游客只需购买入园门票即可观看表演,无须另外购票。

城市—景区依托型分布的旅游演艺在我国的部分城市中发展较好,比如深圳、杭州等。

深圳是我国的第一个经济特区,是我国与境外联系的重要窗口,借助特殊的地理位置与国家政策优势,深圳旅游发展态势良好,旅游演艺发展也相对较好,推出了许多具有影响力的旅游演艺产品,具体见表 3-2。

表 3-2　深圳不同景区推出的旅游演艺产品

景区	旅游演艺产品
中国民俗村	《中华百艺盛会》《八面来风》《绿宝石》等
世界之窗	《欧洲之夜》《梦之旅》《天气浪漫》等
锦绣中华景区	《一代天骄》《金戈王朝》等
华侨城大剧院	《天机》《天籁》
欢乐海岸水秀剧场	《深蓝秘境》等

杭州旅游演艺的起源是宋城集团的《宋城千古情》,之后,宋城集团又启动了"中国演艺谷"项目,以《宋城千古情》为依托,在宋城景区建立了许多能够容纳不同数量观众的剧场,"中国演艺谷"也成了我国具有较强影响力的演艺综合体。

二、按均衡度分类

按照均衡度分类,旅游演艺的空间分布可以分为三种,即集中型、单薄型和均衡型。

(一)集中型

旅游演艺的集中型分布即在某一个特殊限定区域中,大量的旅游演艺在空间上集体呈现,形成比较密集的旅游演艺空间竞争关系,这种竞争关系会形成两种发展方式,即平衡式发展和失调式发展。

1.平衡式发展

平衡式发展,即在同样的空间内,两个或多个旅游演艺企业实力相当,彼此之间的竞争关系比较稳定、静态且平衡。如果游客的数量较多,能够满足多台旅游演艺需求,那么旅游演艺将长期处于平衡式发展的状态下。一旦某个旅游演艺企业实力发生了变化,这样的平衡状态就会被打破。

2.失调式发展

失调式发展是旅游演艺集中分布后的一种常态性呈现。很多时候,旅游演艺在某个特定的范围内密集出现,各个旅游演艺企业实力之间的差异会悬殊,由此实力一般的企业会模仿实力较强的企业的节目或管理模式,实力一般的企业在刚进入市场的一段时间内,可能会获得一定的回报,但是从长远看其最终结果只有两种,一种是被其他企业兼并,另一种是自行解散。

张家界、九寨沟、丽江、深圳、三亚等的旅游演艺空间分布都是典型的集中型分布,其中,深圳的平衡式发展相对突出,而张家界、三亚的失调式发展相对突出。

(二)单薄型

1.单薄型分布的特点

在某个比较大的空间之内,仅仅存在一个或几个旅游演艺产品,同时这些产品之间距离较远,竞争并不激烈,这种旅游演艺的分布类型属于单薄型空间分布。单薄型旅游演艺分布具有以下三个特点。

第一,旅游演艺项目数量整体偏少,空间分布很分散,彼此之间很难形成替代性竞争。

第二,这种分布形式下的旅游演艺通常有突出的特色与别样的卖点,对游客有巨大的吸引力。

第三,这种分布形式下的旅游演艺是以当地发展良好的某个旅游景区或城市为依托,离开了其所依托的旅游景区或城市,旅游演艺项目也就难以获得可持续性发展。

2.单薄型分布的优势

旅游演艺的单薄型空间分布的优势主要体现在两个方面:一方面,旅游演艺地和其他旅游地距离相对较远,旅游者在一天内难以来回,这会在一定程度上增加旅游演艺消费人群的数量;另一方面,旅游演艺的周边并没有其他的旅游演艺项目,游客观看旅游演艺的可选择性也就较小,其重复观看旅游演艺的概率也会增加。

3.单薄型分布的不足

当然,演艺旅游的单薄型分布也有一定的不足,具体表现在两个方面。

一方面,旅游演艺的单薄型分布会造成在旅游旺季,景区的旅游演艺产品无法满足游客的多样化需求,同时过度的演出也会导致旅游演艺产品的质量难以保障。

另一方面,由于这种分布下的旅游演艺的地点与其他旅游地相距较远,本地的旅游演艺产品如果没有特色,吸引力不高,就会降低该地整体的旅游形象。

（三）均衡型

在某个比较大的空间范围之中，均衡分布着许多旅游演艺项目，这些旅游演艺项目虽然较多，但是因为其距离相对较远，且游客众多、演艺类型多样，使得这一区域的演艺旅游项目可以实现均衡发展，和平共处。旅游演艺的这种空间分布模式即均衡型空间分布。

1.均衡型分布的条件

旅游演艺的均衡型空间分布需满足四个条件。

第一，这一区域旅游业发展相对较好，通常能够满足旅游演艺发展的基本需求。

第二，这一地区范围比较大，行政范围也十分广泛，因此，各个旅游演艺项目能够在这个范围之中自由分布。

第三，这一区域的旅游演艺类别差异明显。

第四，这一区域地方行政主管部门和各个行业的管理部门会彼此合作、配合。

2.均衡型分布的典型

北京、成都等地的旅游演艺的空间分布即属于典型的均衡型空间分布。以北京为例，北京的旅游演艺均衡发展的原因主要有以下几点。

第一，北京推出了许多台旅游演艺项目，类型涉及魔术、歌舞、灯光秀、传统戏剧、实景演出等，十分丰富。

第二，北京是我国的首都，也是知名的旅游城市，旅游发展起步较早，游客数量多。

第三，北京的演艺旅游项目分布并不集中，竞争相对较小。

三、按密集度分类

按照密集度分类，可以将旅游演艺的空间分为密集型、相对分散型与圈层集中型三种。

（一）集聚型

集聚即各种资源、要素等在地理空间上的集中走向和过程，具有集聚利益指向与劳动力指向。[1]旅游演艺空间分布的集聚型的特征有以下几点。

第一,旅游演艺集聚型的空间分布通常是被动型的,具有突出的被动性。

第二,旅游演艺空间集聚涉及的各种旅游项目,会依托本地或周围比较著名的景点,来展现出自身的特色。

第三,旅游演艺集聚型空间分布的目的是通过为游客提供特殊的观看体验,来使自身获得一定的效益。

(二)相对分散型

在比较大的范围中,旅游演艺空间相对分散,彼此距离远且关系不紧密,并不能形成稳定的市场竞争关系,这种旅游演艺的空间分布类型即相对分散型分布。这种分布类型通常出现在那些相对较偏僻、经济不发达或者交通不太便利的地区,如内蒙古、江西等。

内蒙古位于我国北部边陲,以农牧业为主,人口并不集中,总体上经济发展相对滞后,这里的旅游演艺空间分布相对分散。

江西位于我国赣江流域,具有庐山、九江、景德镇、井冈山等旅游资源,交通也相对较为便利,但是江西并没有充分利用好自身的各种优势,使得旅游业在整体上同其他省份还具有一定的差距,旅游演艺产品数量也较少,旅游演艺的空间分布属于相对分散型。

(三)圈层集中型

旅游演艺的圈层集中型空间分布的特点有两个:其一,在旅游演艺圈层型空间分布中,"点"并不一定是中心城市,也可能是区域中重要的旅游景区;其二,在旅游演艺圈层型空间分布中,"轴"通常指工程性路线,包括交通线路、文化线路、海岸线等。

就当前来看,我国的旅游演艺已经形成了十多个比较典型的圈层集中型分布区域,包括齐鲁文化区域、东北区域、郑汴洛区域、长三角区域、珠三角区域等。

郑汴洛区域的旅游演艺的圈层型分布同样是值得关注的,开封、洛阳和郑州三地处在河南省的中部,地理位置优越,经济发展状况较好,且具有丰富的旅游与文化资源。总的来说,郑汴洛三市旅游业发展相对较好,且具有一些独具特色的旅游演艺产品。郑汴洛地区旅游演艺的发展,在一定程度

[1] 李小建,李国平,曾刚等.经济地理学[M].北京:高等教育出版社,2006:112.

上带动了新乡、平顶山、许昌等城市旅游演艺的发展，由此，这一区域的旅游演艺在空间分布上也就形成了一个比较完整的圈层分布结构，其特点是将郑州、开封与洛阳作为节点，将焦作、新乡、许昌等作为支点。

第二节　旅游演艺空间分布的变化

当期我国旅游演艺空间分布具有鲜明的特征，大致有以下几点。

一、旅游演艺空间分布变化全国差异明显

我国的演艺旅游发展已经有三十多年了，发展态势良好。旅游演艺团体数量呈现快速增长趋势，尤其是 2016 年到 2017 年，增长率将近 50％，如图 3-1 所示。

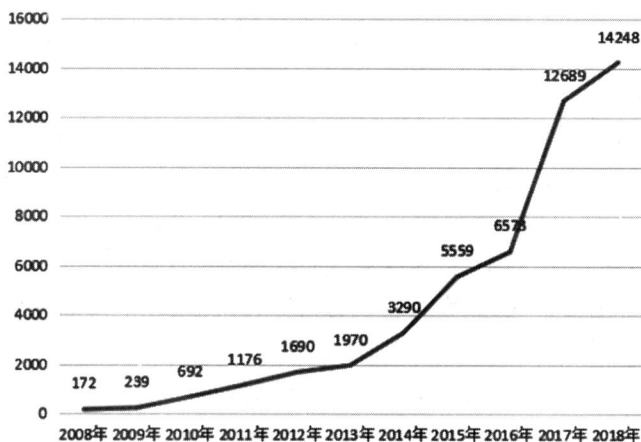

图 3-1　全国旅游演艺团体数量变化

受各地经济发展水平等因素的影响，当前我国的旅游演艺空间分布存在明显的地域差异。在省级空间范围内，旅游演艺分布主要集中于经济相对发达、旅游资源相对丰富、旅游业发展相对成熟的地区，典型代表则为四

川、北京、云南、湖南、陕西、江苏、山东等[1]。

总体来看,见图 3-2,南方的旅游演艺团体数量多于北方,东部的旅游演艺团体数量多于西部。近几年安徽、河南、浙江、四川、重庆等地的旅游演艺团体数量较多,是旅游演艺团体的主力军;而黑龙江、吉林、宁夏、青海、西藏、海南等地区的旅游演艺团体数极少,增速也较为缓慢,缺乏政策扶持和表演形式体制的创新驱动力。

单位: 台

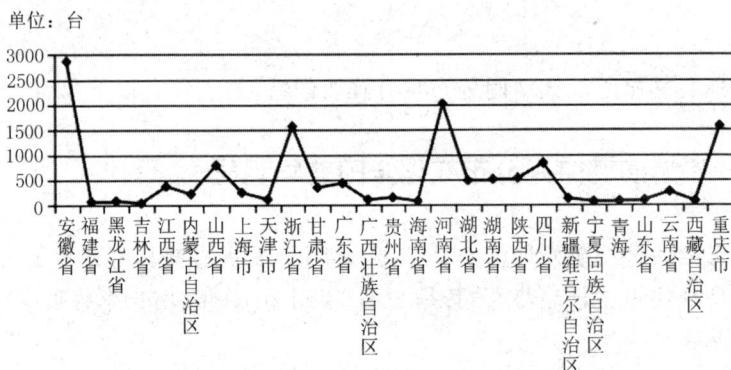

图 3-2 2018 年各省旅游演艺团体数量

从演出场次数量上来看(见表 3-3、图 3-3),目前我国旅游演艺演出场次空间分布可以分为四个区间:第一个区间旅游演艺的演出场次为 30 万次以上,包括安徽、河北省(直辖市);第二个区间旅游演艺的演出场次为 1～29 万次,包括四川、江苏、河北、陕西、江西、湖南、云南、广东、甘肃、山西、内蒙古、山东、黑龙江、新疆、广西等省区;第三个区间旅游演艺的演出场次为 1 万次以下,包括福建、海南、西藏、青海、吉林、宁夏等省区、直辖市。由此可见,不同省份之间的差异相对较大。

表 3-3 2018 年各省(直辖市、自治区)旅游演艺演出场次量(万次)

省份	安徽省	河南省	浙江省	湖北省
演出场次量(万次)	50.51	39.23	37.87	36.70
省份	四川省	江苏省	河北省	陕西省
演出场次量(万次)	10.93	10.04	9.92	8.34
省份	江西省	湖南省	云南省	广东省

---

[1] 前瞻产业研究院.2020 年中国旅游演艺行业市场现状及竞争格局分析 旅游业稳步发展驱动行业不断进步[DB/OL].https://bg.qianzhan.com/report/detail/300/201102－f91f0ca3.html,2020－11－02/2020－11－12.

续表

省份	安徽省	河南省	浙江省	湖北省
演出场次量（万次）	7.70	5.77	4.98	4.63
省份	甘肃省	山西省	内蒙古自治区	北京市
演出场次量（万次）	4.08	3.18	3.13	3.11
省份	山东省	黑龙江省	新疆维吾尔自治区	广西壮族自治区
演出场次量（万次）	2.67	1.90	1.72	1.71
省份	贵州省	天津市	福建省	海南省
演出场次量（万次）	1.31	1.11	0.99	0.94
省份	西藏自治区	青海省	吉林省	宁夏回族自治区
演出场次量（万次）	0.60	0.58	0.49	0.28
省份	重庆市	/	/	/
演出场次量（万次）	0.06	/	/	/

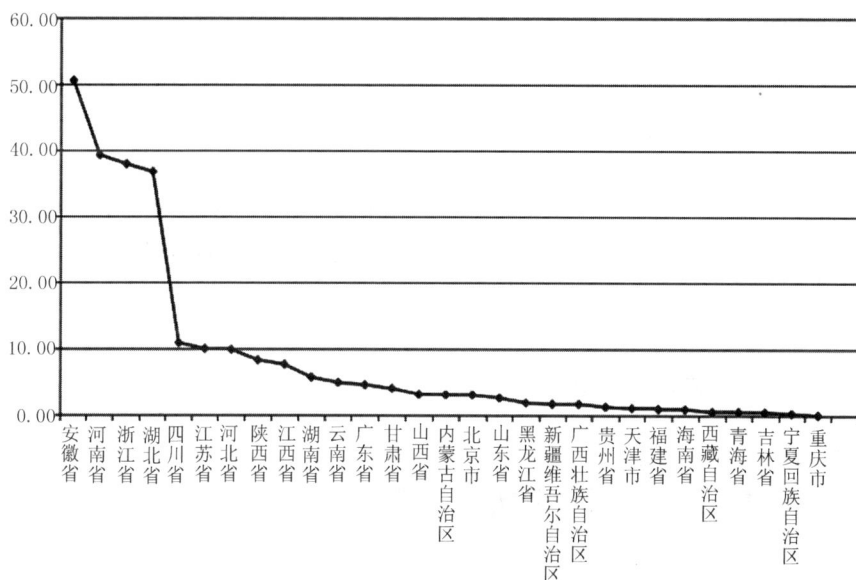

图 3-3　2018 年各省旅游演艺演出场次数量（单位：万次）

全国旅游演艺团体数量和演艺场次的空间分布之所以会出现如此大的差异，其原因大致可以概括为以下几点。

69

（一）不同地区的经济发展不平衡

旅游演艺的发展会受地方经济的影响。一般而言,经济越发达的地区,旅游演艺的发展状况越好,而经济相对较差的地域,旅游演艺发展则较差,甚至也可能没有旅游演艺项目存在。

（二）不同地区的文化差异明显

我国地域辽阔,不同区域的文化也有着较大的差异性,有些文化知名度高、影响大,这些地区往往有充足的旅游资源供旅游演艺产品来发掘,旅游演艺也就能得到较好的发展。相反,文化知名度不高的地区的旅游演艺往往发展较为困难。

（三）不同地区旅游业发展程度不同

我国各个地区的旅游起步时间不同,差异较大,再加上产业规模、对待旅游演艺态度等的不同,使得旅游演艺在不同区域的发展存在明显差距。

（四）旅游经营管理者存在经营差距

旅游演艺是旅游业和演艺业结合而成的,其需要经营管理者进行妥善管理,才能更好地满足市场的需求,但是有很多旅游演艺项目是由演出团队管理的,管理者缺乏专业的管理经验,他们在产品设计、市场推广等方面存在明显的"漏洞",从而导致旅游演艺发展相对较差。而有的旅游演艺项目的经营者是专业人士,具有专业的管理与市场推广经验,旅游演艺也就能够得到较好的发展。

二、旅游演艺空间交叉发展趋势显著

旅游演艺空间交叉发展趋势也是当前旅游演艺发展的一个重要趋势,其种类具体包括如图 3-4 所示的几种。

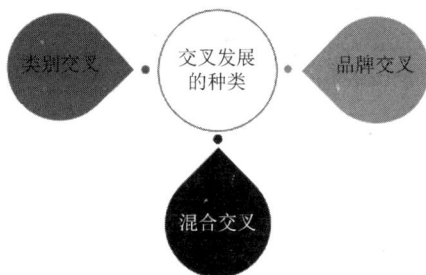

图 3-4 交叉发展的种类

（一）类别交叉

我国的旅游演艺共有七大类，除了功夫表演类和灯光秀类旅游演艺，其他五类旅游演艺在全国都有分布，并且出现了交叉的现象，如北京有歌舞类、实景演出类、戏曲＋曲艺类、杂技＋魔术类旅游演艺项目。

旅游演艺在空间上类别交叉发展是值得肯定的，其优势有两点：第一，能够打破一定空间中旅游演艺类别同质化的局势；第二，能够丰富旅游演艺市场，为游客提供更多选择。

（二）品牌交叉

在旅游演艺发展的过程中，不同的旅游演艺品牌在空间方面出现了交叉趋势，如杭州的"千古情"品牌和"印象"品牌、丽江的"纳西古乐""印象""千古情"品牌。

旅游演艺品牌交叉的优势有三点：第一，可以促进旅游演艺节目质量与表演形式的提升；第二，能促进旅游演艺市场的拓展与品牌的发展；第三，能够倒逼旅游演艺管理模式的发展。

（三）混合交叉

旅游演艺空间上的混合交叉即旅游演艺不再只是单纯的点式发展或轴式发展，而是点式发展与轴式发展结合的混合发展，具体表现为旅游演艺在不同空间上的交叉，比如数量交叉、质量交叉、文化交叉、艺术交叉、演员交叉、团队交叉等。

这样的混合交叉对我国旅游演艺发展的好处一目了然：一方面能使各旅游演艺产品在交叉中相互学习、彼此进步；另一方面能够使各旅游演艺产品在竞争中不断进步。

三、旅游演艺品牌空间扩张呈蔓延之势

当前,我国的旅游演艺已经初具规模,发展成了一个重要的旅游产业,经过多年激烈的市场竞争,中国旅游演艺行业的竞争格局逐渐呈现明显的梯队差异,具体分为两个梯队。第一梯队为宋城演艺、山水盛典和三湘印象;第二梯队以华夏文旅集团、华侨城集团、长隆集团、迪士尼为代表。而且,很多旅游演艺企业开始了全国性的旅游演艺空间布局,希望通过各种运作方式来完成品牌的扩张,由此旅游演艺品牌空间扩张呈蔓延之势。

在《印象·刘三姐》取得巨大成功之后,张艺谋、王潮歌、樊跃组成的"印象铁三角"充分利用《印象·刘三姐》的影响力与知名度,推出了一系列旅游演艺产品,如《印象·丽江》《印象·西湖》《印象·海南岛》《印象·大红袍》《印象·马六甲》等。

宋城集团利用《宋城千古情》的影响力,推出了《吴越千古情》《三亚千古情》、《丽江千古情》《泰山千古情》等一系列旅游演艺产品。

《刘老根大舞台》是本山传媒集团利用赵本山的影响力推出的旅游演艺品牌,在《刘老根大舞台》取得一定的知名度之后,本山传媒开始在各地进行品牌扩张,在天津、长春、北京、泰安、深圳等地都推出了《刘老根大舞台》。

陕西旅游集团公司不仅在国内发展较好,推出了《长恨歌》《延安保育院》等优秀的旅游演艺产品,还走出了国门,在丝绸之路沿线推出了不同的旅游演艺产品,如在吉尔吉斯斯坦推出《伊克赛湖》、在乌兹别克斯坦推出的《贴木儿帝国》、意大利推出的《马可·波罗》等。

四、旅游演艺空间变化特点存在一致性

从省市《文化和旅游发展统计分析报告》来看,2018年安徽、浙江、河南、重庆的旅游演艺团体数量较多,安徽、浙江、河南、浙江、湖北演出场次位居全国前四,但它们的发展变化也各有特点。

例如,安徽省主要的演出类型为戏曲,机构数量大,从业人员多,且机构数经过三年增加数量多,所以演出场次多于其他省份。2018年安徽省的旅游演艺团体数量不断增加,但演出场次在2018年却减少,见图3-5。

浙江省艺术创作有新亮点,戏曲传承有新突破。艺术表演团体增加,公益演出频次多。近几年旅游演艺团体数量也在不断增加,演出场次在2018年开始放缓,见图3-6。

从2017年到2018年各省份比较来看,大部分省份演出场次比较稳定,

少数演出场次减少,河南省最为明显。河南省近几年旅游演艺团体数量增速较快,但演出场次在 2018 年却极度减少,见图 3-7。

由此可以看出,旅游演艺在不同的省份变化特点存在一致性。旅游演艺团体数量一直在增加,但是演出场次在减少,2017 年达到顶峰,2018 年是出现转折的年份。

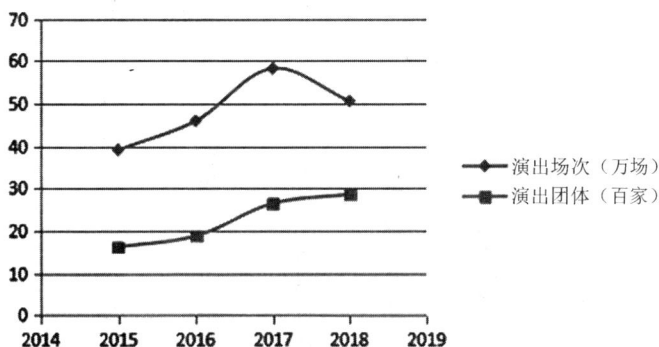

图 3-5 近几年安徽省旅游演艺团体和演艺场次变化

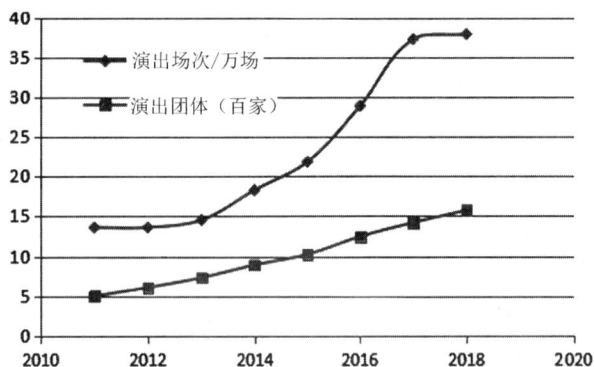

图 3-6 近几年浙江省旅游演艺团体和演出场次变化

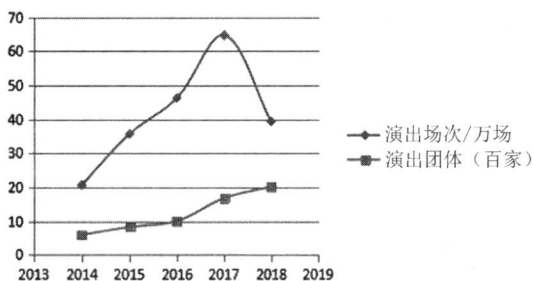

图 3-7 近几年河南省旅游演艺团体和演出场次变化

五、旅游演艺收入变化的空间差异较大

我国旅游演艺票房收入连年增长,与旅游演艺举办的台数变化趋势相一致。见图 3-8,但旅游演艺收入变化在不同的省份间差异较大。有的持续上升,有的开始下降,有的波动型上升,有的波动型下降。其中,安徽、浙江、吉林和内蒙古,具有典型性特征。

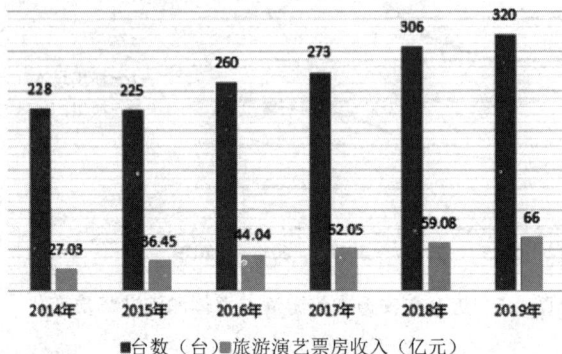

图 3-8 2014 年到 2019 年我国旅游演艺台数与票房收入情况

安徽省旅游演艺收入不断增长,呈现直线上升的良好态势。从 2015 年开始,每年呈均匀比例增长,见图 3-9。浙江省旅游演艺收入从 2015 年到 2016 年增速非常快,但是 2016 年之后开始放缓,甚至在 2018 年下降,这与浙江省举办更多的免费公共演出有密切关系,见图 3-10。吉林省的旅游演艺收入在 2009 年到 2013 年间波动较大,2012 年旅游演艺收入最高,2013年之后,逐年增加,但增速放缓,见图 3-11。内蒙古的旅游演艺收入在 2013 年和 2016 年都有所下降,但是 2013 年到 2015 年间以及 2016 年到 2017年,却呈现快速增长的态势,到 2018 年有所放缓,见图 3-12。

由此可以发现,各省的旅游演艺收入变化差异较大。有明显的四种特征。旅游演艺收入增加或减少的时序并不一致,与各省的旅游演艺门票收费情况有关。旅游演艺场次和旅游演艺团体数量的多少,与旅游旅游演艺收入并不成正比。

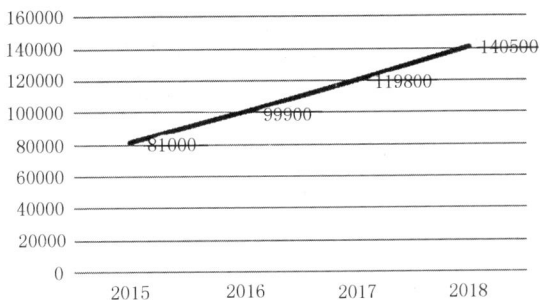

图 3-9　近几年安徽省旅游演艺收入（万元）变化

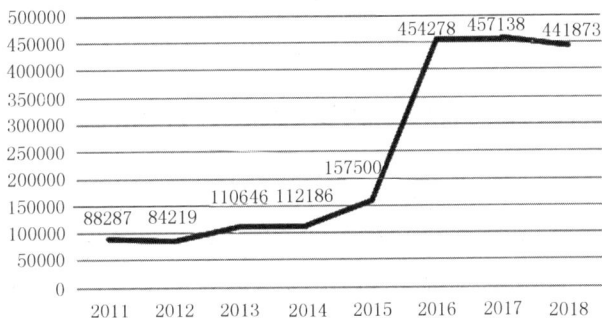

图 3-10　近几年浙江省旅游演艺收入（万元）变化

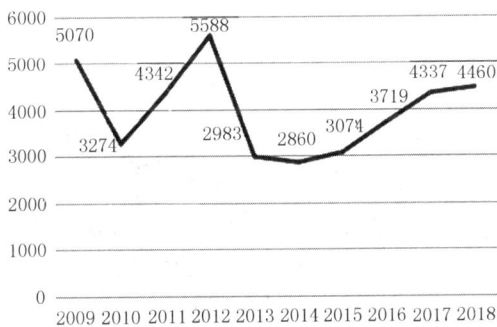

图 3-11　近几年吉林省旅游演艺收入（万元）变化

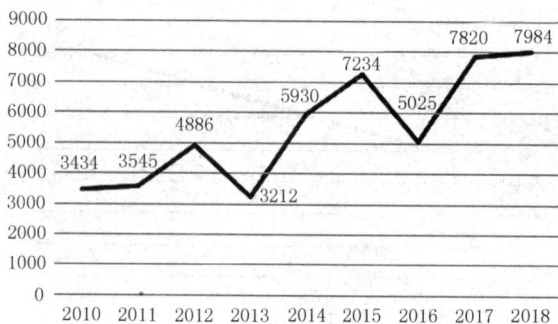

图 3-12　近几年内蒙古旅游演艺收入(万元)变化

第三节　旅游演艺空间分布的驱动力

　　旅游演艺的空间分布是多种驱动力共同作用的结果,其中最为明显的是政策引导、文化内生、产业扩张、中心示范和市场需求,如图 3-13 所示。对这五个驱动力进行研究,有助于深层次的挖掘旅游演艺空间分布优化的问题。

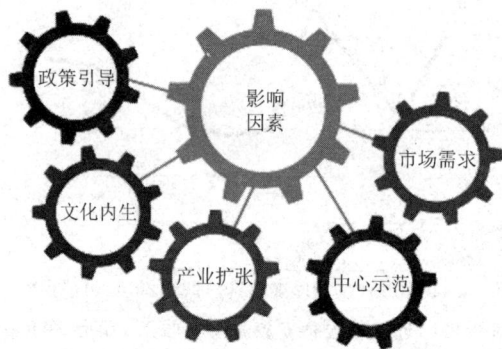

图 3-13　旅游演艺空间分布的影响因素

一、政策引导

　　政府与政策的支持能够为旅游演艺的发展提供良好的上层支撑与保障,推动当地旅游演艺更好地发展,由此,政策支持是旅游演艺的重要驱动因素。正是有了政策的支持,我国的旅游演艺才取得了较好的发展。我国政府在旅游演艺涉及的旅游产业、文化产业等方面都出台过相关政策与文件,表 3-4 即我国近些年来出台的推动旅游演艺发展的政策与文件。

表 3-4 国家相关部门涉及旅游演艺的政策与文件

年份	机构	相关政策文件
2000 年	国务院	《关于支持文化视野发展若干经济政策的通知》
2005 年	国务院	《关于加强文化遗产保护的通知》
2009 年	中宣部、文化部	《关于深化国有文艺演出院团体制改革的若干意见》
2009 年	文化部、国家旅游局	《关于促进文化与旅游结合发展的若干意见》
2010 年	文化部、国家旅游局	首批《国家文化旅游重点项目名录——旅游演出类》
2014 年	国务院	《关于推进文化创意和设计服务与相关产业融合发展的若干意见》
2015 年	国务院	《关于支持戏曲传承发展的若干政策》
2017 年	国务院办公厅	《关于进一步促进旅游投资和消费的若干意见》
2019 年	文化和旅游部	《关于促进旅游演艺发展的指导意见》

2019 年文化和旅游部印发的《关于促进旅游演艺发展的指导意见》(以下简称《意见》)是我国首个促进旅游演艺发展的文件,对旅游演艺的发展具有引导与规范作用,为旅游演艺的发展指明了方向。《意见》中重点强调了以下几点内容:第一,促进旅游演艺的转型升级是当前旅游演艺发展的首要任务,各相关部门要实现创作水平的提升、业态模式的创新以及演艺经营主体的壮大;第二,旅游演艺发展要围绕国家战略,各部门要积极开展惠民服务,并做好跨境合作;第三,旅游演艺的发展应规范有序,各部门要做好节目内容的审核和市场的监督,守住安全底线;第四,提出了一些支持旅游演艺发展的政策性举措,如对于符合高新技术认定条件的旅游演艺企业给予一定的税收优惠,引导各类投资机构投资旅游演艺项目等。

从本质上来看,旅游演艺的相关政策是旅游演艺空间演化的宏观层面的驱动,对旅游演艺的布局起着重要的引导作用。

二、文化内生

文化是旅游演艺的灵魂所在,如果没有文化的支撑,旅游演艺项目必定无法行稳致远。我国历史悠久、地域辽阔,各地都有独特的地域文化,也产生了多种文化表演形式。文化是一个地区的象征与底蕴,是地域内涵的外在展现,不同的地区也存在着不同程度的文化富集度差异。如果某地文化特色鲜明、文化影响力大,那么该地的文化也就更能够被旅游演艺挖掘,成为旅游演艺的灵魂,并受到广大观众的喜爱。

我国旅游演艺发展较好的西安、成都、桂林、九寨沟、张家界等都是具有丰富的、独具特色的文化的,也正是在这些特色文化的影响下,当地才能够内生出许多优秀的旅游演艺项目。由此可见,地域文化是旅游演艺空间分布的微观驱动,正是因为有丰富的地域文化,旅游演艺才能具有深厚的底蕴,才能够实现长远发展。

三、市场需求

市场需求对企业的规模、投资等有着决定性作用,是所有企业无论何时都要重点考虑的问题,旅游演艺的发展同样需考虑市场需求。旅游演艺的目标人群是旅游者,旅游者数量的多少决定着旅游演艺市场的大小。通常,某地年旅游客数量达到 200 万人次时,可以支撑一台旅游演艺[1],但并不是所有的旅游者都会购买旅游演艺产品,这中间是存在旅游演艺观众转化率的。当前我国的旅游演艺转化率普遍较低,其原因主要是旅游演艺产品质量不高、模仿现象严重。

由于游客基数是一定的,因此并不是所有的地区都能够开发旅游演艺产品,当旅游数量无法满足一台旅游演艺时,如果该地强行推出旅游演艺产品,必然导致投资无法回本的情况。当游客数量能达到开展旅游演艺的条件时,旅游演艺企业可利用现有资源来开发旅游演艺产品,使旅游演艺获得较好的发展,投资也可以尽快得到回报。当游客数量远远超过旅游演艺发展所需的基数时,该地是可以撑起多台旅游演艺的,旅游演艺也能够实现较好的发展。

需要注意的是,旅游演艺的市场需求量并不会无限制扩展,当游客数量达到一定的规模时,虽然旅游演艺会获得更多观众,但是由此也会出现严重的数量级式破坏效应。

总的来说,市场需求对旅游演艺的发展具有决定性的作用,影响着旅游演艺的空间分布及旅游演艺的空间演化。

---

[1] 毕剑.基于空间视角的中国旅游演艺发展研究[M].北京:中国经济出版社,2017:137.

四、产业扩张

产业扩张是旅游演艺发展过程中必然会出现的现象。产业扩张通常有内涵式扩张和外延式扩张两种。旅游演艺产业的扩张方式主要是外延式扩张,基本表现为产业地域空间扩张。旅游演艺产业的扩张规模受三个因素限制,即资源供给、技术水平和市场需求。

当旅游演艺步入快速发展阶段时,会出现明显的产业扩张现象,具体表现在以下几个方面。

第一,旅游演艺数量的增加。随着旅游演艺的发展,旅游演艺数量会显著增加,同时各个省份的旅游演艺也从无到有,从原有的只有几个省份、自治区或直辖市有旅游演艺到现在几乎所有的省份、自治区或直辖市都有旅游演艺。

第二,旅游演艺企业的扩张。旅游演艺企业的扩张主要表现在企业会扩大原本的生产项目,并进行跨区域扩张。如本山传媒在东北发展的基础之上,向北京、天津、深圳等地进行扩张,在这些地区推出了《刘老根大舞台》。

五、中心示范

当某地的旅游演艺取得成功之后,其旅游演艺产品会成为游客、企业等的重点关注对象,也会吸引其他旅游演艺企业前来学习,该地会以其为中心形成旅游产业集聚区,此即为中心示范。中心示范会形成"中心"示范效应,具体包括以下几方面的内容。

(一)注意力中心

在某个旅游演艺取得成功之后,经过媒体报道、游客宣传等,这一旅游演艺会成为游客、潜在消费者与相关企业关注的重点,会成为大家注意力的重心。由此,这个旅游演艺所包含的注意力价值会通过旅游者现实购买转变为企业实力,进而促进旅游演艺的整体发展。

(二)宏观空间中心

旅游演艺的空间、市场等是有一定的限制的,换句话说,旅游演艺所在的空间是有限的,并不能无限制接受过多的旅游演艺项目。因此,推动旅游演艺的发展,不仅需要充分发挥当地的资源优势,同时需要借鉴成功的旅游演艺的经验,在异地开辟新的市场与空间。具体来说,就是以成功的旅游演艺为宏观空间中心,学习其内核,即所包含的精神与理念,从而使自身在异地得到良好的发展。

(三)微观空间中心

在某个旅游演艺取得成功之后,其他旅游演艺企业也从其成功中获得发展的信心,会认为该地具有旅游演艺发展的优势条件,是发展旅游演艺的理想场所,因此会以成功的旅游演艺产业为微观空间中心在该地聚集,形成旅游演艺产业集群。

综上所述,政策引导不仅是旅游演艺的政策性驱动力,也对旅游演艺市场需求具有培育作用,对产业扩张具有引导作用;市场需求的增加可以促进旅游演艺产业的发展与扩张,同时体现了旅游者对旅游地文化认同感的上升;产业扩张能够使旅游演艺产业规模得到扩展,而产业规模的扩展又能够展现出中心示范价值;地域文化是旅游演艺的基础,旅游演艺对地域文化进行挖掘,一方面能够加深旅游者对该地的地域文化的理解,另一方面能够提升本地的居民对该地旅游文化的认同感。

第四节　旅游演艺空间布局优化

当前我国的旅游演艺空间分布存在着空间错位、同质化严重、集中度过高等问题,需要进行旅游演艺的空间布局优化。旅游演艺空间布局优化涉及诸多领域,是一个系统工程,需政府、企业等通力合作。本节将从等级、产业、场域这几个方面来讨论旅游演艺空间布局的优化。

一、旅游演艺空间分布存在的问题

(一)存在空间错位现象

在一定的空间内,旅游演艺出现的不协调的现象即旅游演艺空间错位,具体表现为一个地区某种生产要素在空间上的集中度和富集度同经济发展的情况是相悖的,如在某些经济发展态势良好、旅游业发展成熟的地区,旅游演艺发展相对滞后,这种空间错位的现象严重影响了当地旅游产业的发展。我国当前出现演艺旅游空间错位现象的地区有上海、大连、广州等地。

以上海为例,上海是典型的旅游演艺空间错位发展的城市。上海是我国经济最发达的地区之一,也是我国的交通、科技、贸易、金融中心,不仅具有独特的海派文化,而且具有外滩、中共"八一"会址、"东方明珠"等旅游资源。借助各种优势,上海的旅游业相对繁荣,根据中商情报网的资讯,上海2019 年的旅游总收入达到了 5357 亿元[1],在所有的城市中排第三位,居于北京和重庆之后。但是上海的旅游演艺发展却相对较为滞后,推出的旅游演艺产品相对较少。

(二)同质化现象严重

旅游演艺的同质化现象也是当前旅游演艺发展中出现的一个亟待重视的问题,旅游演艺同质化现象具体表现为内容、形式与模式的同质化。

1.内容上的同质化

内容上的同质化是旅游演艺中最为突出的问题,许多旅游演艺在对文化进行挖掘时,会出现文化表达方面的重复性、过渡性问题。以张家界为例,该地的旅游演艺产品都是对土家族、苗族文化的挖掘,相同的文化因子在不同的旅游演艺中重复出现。如《魅力湘西》《梦幻张家界》《印象张家界》的主要节目内容都有歌舞、哭嫁、赶尸等内容。

2.形式上的同质化

形式上的同质化即旅游演艺产品在演艺类别、技巧等方面出现的同质化。如《印象·刘三姐》推出后,引起了巨大的反响,深受观众喜爱,由此许多旅游演艺开始效仿其演艺类别与技巧。[2]

3.模式上的同质化

由于投资规模的扩大,许多旅游演艺企业出现了过分追求大场面、大演员的现象,忽视了对传统文化的挖掘,导致旅游演艺仅有华丽的外在,而缺乏深刻的内涵,此即模式上的同质化。旅游演艺的典型模式是"用人海战术绑架地域文化,用科技手段渲染现场气氛",这样的模式会使观众出现审美

[1] 腾讯网.中国城市旅游收入 TOP50:北京领跑三亚无缘上榜,长春游客人次均消费最高[DB/OL].https://new.qq.com/omn/20201006/20201006A02OQO00.html
[2] 王广昊.张家界景区旅游演艺创新问题研究[D].吉首:吉首大学,2013:49—50.

疲劳,在看完旅游演艺节目后觉得似曾相识,进而导致对旅游演艺需求的下降。由于旅游演艺同质化现象严重,再加上外部环境的变化,要想使旅游演艺发展行稳致远,需在剧目创作与营销方面对旅游演艺进行创新。

(三)部分地区集中度过高

旅游演艺是促进旅游产业发展的重要手段,是政府与企业招商引资的重点项目。由于资源丰富、政策支持、产业扩张等原因,旅游演艺近些年来发展相对迅速,部分旅游演艺还成了当地的重要产业,如张家界武陵源景区、九寨沟景区等。

2000年,张家界推出了旅游演艺产品《魅力湘西》,这台节目在推出之后,以优质的制作、新颖的文化表现吸引了大批观众,企业和政府开始重视旅游演艺的发展。之后,张家界陆续推出了许多旅游演艺节目,至2015年,张家界共推出了10台旅游演艺节目。但是这其中,有7台都集中在武陵源景区,有9台都是以湘西文化为基础的,有8台都是民族歌舞表演。由此可见,张家界推出的旅游演艺是过于集中的,这对于旅游演艺的长远发展是十分不利的。

旅游演艺是旅游业发展到一定阶段的产物,旅游演艺的空间演化是以旅游业的发展为基础的,要研究旅游演艺的空间演化机制,首先要研究旅游行业发展的驱动力因素。本节将对旅游行业发展的驱动力因子和旅游演艺的空间演化机制进行研究。

二、旅游演艺等级空间布局优化

旅游演艺等级空间布局优化包括旅游演艺行政等级空间布局优化和旅游演艺规模等级空间布局优化两种,具体阐述如下。

(一)旅游演艺行政等级空间布局优化

在进行旅游演艺行政等级空间布局优化时,需考虑以下几点内容。

1.适当促进高等级行政空间旅游演艺发展

高等级的行政空间包括三个方面:一是省级城市,二是副省级城市,三是具有特殊行政影响力的地级市。高等级行政空间通常是经济、政治、交通等的中心,在各个方面度具有较强的影响力,是当地主要的旅游目的地。上海、北京、成都等都属于高等级行政空间。

实现旅游演艺行政等级空间布局的优化,需适当促进高等级行政空间旅游演艺的发展,借助市场调查、合理规划等方式来增加高等级行政空间旅游演艺的数量,抓住游客"夜间旅游"需求,从而有效提升旅游演艺观众转化率。同时也要不断创新,推出一些高品质的、种类丰富的旅游演艺产品,从而提升该区域旅游演艺的整体水平。

2.适当控制低等级行政空间旅游演艺发展

地级及以下的行政区域就是所说的低等级行政空间。低等级行政空间由于没有较强的知名度与影响力,因此游客数量相对较少,旅游行业发展状况也并不理想,如果贸然开发旅游演艺项目,很难收回成本。所以说,地方政府要立足区域旅游整体的发展态势,合理配置旅游演艺资源,有效控制旅游演艺的数量,避免因过度投资旅游演艺项目,导致旅游目的地出现分散旅游发展主力、削弱旅游经济重心的现象。

3.适度推动特殊行政空间旅游演艺产业发展

旅游演艺特殊行政空间具备三个特点:一是旅游产业发展相对突出,二是旅游形象很清晰,三是旅游服务十分完善。丽江、延安、张家界等即属于旅游演艺特殊行政空间。

旅游演艺特殊行政空间旅游业发展状况良好,知名度高,游客规模大,是推动我国旅游发展的重要因素。因此,当地政府应从大局出发,充分考虑现有的旅游演艺规模,对旅游接待规模进行科学且合理的预测,并以此基础循序地推进该地旅游演艺产业的发展,从而使旅游演艺与旅游业的发展形成良性互动,以实现旅游演艺行政等级空间布局优化。

(二)旅游演艺规模等级空间布局优化

不同旅游地区旅游业发展的现实情况是不同的,其旅游业发展等级也是不同的,而且对发展旅游演艺的需求也有着较大的差异,地方政府需依据该地旅游业发展规模等级对旅游演艺进行布局优化,此即旅游演艺规模等级空间布局优化。

高等级旅游规模旅游地的行政空间可能差异较大,有省级或地级行政单位,也可能有市级或县级行政单位,但这些地区都具有旅游产业规模大、旅游形象好和知名度高等特点。对于这些高等级旅游规模旅游地,可以将旅游演艺的发展作为重点,不断拓展旅游演艺的规模,最好形成品牌优势,在具有一定的品牌影响力之后,也要不断进行产业扩张。

低等级旅游规模旅游地特点大致可概括为两个:一是旅游业规模小,二是旅游发展迟缓。这就需要政府与旅游演艺企业不断深入挖掘当地的文化特色,有效提升服务的质量与水平,将发展旅游业作为重点,暂时不要推出旅游演艺项目,待旅游业发展成熟之后再推出旅游演艺项目。

三、旅游演艺产业空间布局优化

要实现旅游演艺产业空间布局优化,需从以下几点入手。

(一)打造旅游演艺中心

旅游演艺中心是旅游地有目的、有计划、有针对性地规划形成的旅游演艺产业集中地。特点是以区域为基础,以城市为依据,以城市功能区为落脚点。通常来说,旅游演艺中心会有一台或多台知名的旅游演艺作为支撑,其品牌、形象等在全国都具有一定的影响力。宋城集团在杭州打造的"中国演艺谷"即属于旅游演艺中心。

一个地区要打造旅游演艺中心,需满足以下条件。

第一,该地旅游演艺规模较大,且在全国旅游演艺市场中占据较大的份额。

第二,该地旅游演艺集中度高,同时有至少一台知名的旅游演艺产品。

第三,该地旅游演艺市场较好,口碑好,观众转化率高。

第四,该地旅游演艺配套设施完善。

第五,该地为旅游目的地,具有丰富的旅游资源,对游客吸引力大。

(二)避免旅游演艺过度集中

旅游演艺的过度集中是旅游演艺空间演化的典型表现,是市场发展的必然过程,但是如果旅游演艺过度集中,则会出现一些不良影响,如资金回笼困难、旅游形象受损等问题,这会对旅游演艺的整体发展带来不利的影响。因此,地方政府和旅游行政管理部门应采取措施避免旅游演艺过度集中,具体来说需做到以下几点。

第一,对当地的旅游接待规模进行预估和考量,并计算观众转化率,从而确定旅游演艺的有效观众。

第二,依据预估的旅游演艺有效观众,结合该地当前的旅游演艺规模与自身的接待能力,科学合理设置旅游演艺的数量。

第三,不断对旅游演艺节目进行创新,有效提升旅游演艺的形象,赢得口碑。

第四,如果该地已经出现了或者即将出现过度集中现象,要引导旅游演艺企业进行合并或重组,促进旅游演艺品质的提升。

(三)推动旅游演艺产业适度扩张

旅游演艺的扩张会促进旅游演艺空间的扩散。当旅游演艺发展到一定规模时,必然会出现扩张现象,但只有通过合适的渠道进行扩张,才能够使旅游演艺实现健康发展。实现旅游演艺产业空间布局优化,需促进旅游演艺产业的适度扩张,这就要求旅游演艺企业审慎衡量自身实力,并以此为基础进行合理扩张,具体来说,企业要满足以下三个条件。

第一,当地的旅游演艺企业与品牌具有一定的知名度与影响力。

第二,当地的旅游演艺企业与品牌有核心领军人物,具备功能完善的创意团队。

第三,当地的旅游演艺企业或团队具有一定的创新能力,能够深度挖掘当地文化,并将其融入于旅游演艺产品中。

四、旅游演艺场域空间布局优化

旅游演艺所在的空间就是所说的旅游演艺场域。要实现旅游演艺场域空间布局优化,需注意以下几点。

(一)挖掘旅游地文化特色

旅游演艺场域包括两个方面的内容:一是范围较小的旅游依托物与周边空间,二是空间范围较大的旅游区域。这两种空间范围的优化都离不开对地域文化的挖掘。要对地域文化进行挖掘,在旅游演艺空间布局优化方面突出地域特色,政府或旅游企业应注意以下几点。

第一,优先在地域文化明显、氛围浓厚、影响力较大的旅游地推出旅游演艺项目,以当地的文化为依托。

第二,如果该地地域文化的辐射范围相对较大,应该在该地地域文化的核心区域推出旅游演艺。

第三,旅游演艺的风格应与该地域的文化相契合,使文化信息传递保持统一,如在郑州推出反映航海文化的旅游演艺项目则会出现旅游演艺反映的文化与地域文化相背离的现象,引起观众反感。

（二）对旅游地性质进行重新定位

旅游地性质指的是在旅游发展的过程中,基于旅游地的不同功能而形成的基础定位,常见的旅游地性质有旅游目的地、旅游过境地和旅游集散地等。旅游地性质不同时,其在旅游业中的作用也有着较大的差别。旅游演艺需要游客留下来,因此旅游目的地是最合适推出旅游演艺的。虽然有的旅游过境地和集散地也会推出旅游演艺,但是相较于旅游目的地,其旅游演艺的发展很容易陷入困境。

要实现旅游演艺场域空间布局优化,需对旅游性质进行重新定位,使自身逐步转变为旅游目的地,从而不断提升本地的旅游形象,为旅游演艺的发展提供可能。

第四章　文旅融合视角下旅游演艺产品的开发与营销

文化与旅游融合是当下旅游市场发展的一个重要趋势。本节基于文旅融合视角，从三个方面对旅游演艺产品的开发与营销进行了详细的阐述。首先概述了旅游演艺产品的经济属性与特点，其次分析了旅游演艺产品的开发，最后重点论述了旅游演艺产品的营销。

第一节　旅游演艺产品的经济属性与特点

旅游演艺产品是一种融旅游与演艺于一体的产品，既包括旅游活动的一般特点，也包含演艺活动的重要特征，对旅游演艺产品进行必要的分析，对旅游演艺活动的开展具有重要的意义。本节主要介绍了旅游演艺产品两个方面的内容，即经济属性和特点。

一、旅游演艺产品的经济属性

就我国而言，旅游演艺产品的经济属性主要包括四个方面的内容：其一是投资额越来越大，其二是产品覆盖范围扩大，其三是依托景区效应明显，其四是产品不断创新改进，具体分析如下。

（一）投资额越来越大

从旅游演艺产品整体的投资额来看，实景类旅游演艺所占的投资比例最大，动辄超过亿元已经成为常态。数据资料显示，2010年之前，在旅游演艺产品方面投资额超过5亿元的情况基本不存在，但之后投资额越来越大，诸如 10 亿、20 亿这样的大额投资趋于常态化。[1]

比如,2014 年,由万达集团与弗兰克·德贡娱乐集团合作推出的世界顶级舞台秀《汉秀》,投资额高达 25 亿元;2015 年,由新疆大剧院推出的实景民族歌舞秀《千回西域》,投资额达到 16.8 亿元;2019 年,由吐鲁番欢乐盛典旅游文化有限公司和贵州省西江千户苗寨文化旅游发展有限公司联合推出的《西江盛典》,总投资为 3.6 亿……这不仅显示了企业较高的投资热情,而且彰显了旅游演艺市场具有良好的发展前景。

(二)产品覆盖范围扩大

从当前我国旅游演艺市场的发展现状来看,旅游演艺产品分布基本上覆盖了全国。数据资料显示,截至 2010 年,我国有 22 个省份(自治区、直辖市)拥有自己的旅游演艺产品;2010 年之后,诸如甘肃、贵州等经济相对不发达的省份,也加大了对旅游演艺产品的投资力度,以期通过发展旅游演艺产业,来提高当地的知名度,推动当地经济的发展。

旅游演艺产品覆盖面的扩大,一方面显示了各省市对旅游产业在带动经济发展方面作用的重视,另一方面彰显了旅游演艺产业发展的巨大潜力。同时,覆盖面的扩大对旅游演艺市场的持续发展具有重要的意义。

以浙江杭州宋城旅游发展股份有限公司推出的《宋城千古情》为例,该公司首先在本地推出这一旅游演艺产品,取得成效后,又在全国各地推行"公园+演艺"模式,不仅极大地提高《宋城千古情》的社会知名度,而且使"千古情"系列旅游演艺产品很好地在国内部分省份落地生根,表 4-1 为部分"千古情"系列旅游演艺产品的分布情况。

表 4-1　部分"千古情"系列旅游演艺产品的分布情况

景区	旅游演艺产品	省份
宋城景区	宋城千古情	浙江
杭州乐园	吴越千古情	浙江
武夷山公园	武夷千古情	福建
石林主题公园	阿诗玛千古情	四川
三亚主题公园	三亚千古情	海南

---

[1]　叶志良.文旅融合时代的国内旅游演艺研究[M].北京:中国旅游出版社,2019:209.

（三）依托景区效应明显

依托景区效应，简单来说就是旅游演艺企业在推出旅游演艺产品时，往往依托著名旅游城市、高级景区等，来提高旅游演艺产品的社会知名度、赢得消费者的青睐，进而更快、更好地占领市场。

依托景区效应对旅游演艺企业来说至关重要：一方面能够有效降低旅游演艺企业在宣传、推广旅游演艺产品时的支出成本，另一方面能够使旅游演艺产品向已然成熟的旅游市场借势，更好地推广出去。

（四）产品不断创新改进

产品不断创新改进也是旅游演艺产品的一个重要经济属性。旅游演艺产品只有不断创新、不断改进，才能为旅游演艺企业的发展提供新的经济增长点。比如《宋城千古情》，虽然演出时间已超过 20 年，但当下依然能够产生巨大的经济和社会效益，即使是在淡季，每天也会有 2～4 场演出（每场演出容纳 3000 人），《宋城千古情》得以长期繁荣的其中一个重要的原因就是公司通过不断的演出进行创新和改进，以更好的演出质量和精心的服务提供，提升旅游者的审美体验，吸引更多的旅游者前来观看。

二、旅游演艺产品的特点

旅游演艺产品的特点主要体现在以下几个方面：其一是地域性与全域性相结合，其二是原生性与现代性结合，其三是大众性与提升性相结合，具体分析如下。

（一）地域性与全域性相结合

1.地域性

旅游演艺产品的地域性主要体现为其所具有或传递出来的文化，带有明显的区域特色。换句话说，旅游演艺产品不管是以何种类型呈现、何种方式进行表达，都必须立足当地的文化特色与历史内蕴。旅游演艺产品所呈现出来的地域性特色，能够在很大程度上使旅游者体验到一种不同于自己所熟知的异域民族文化，提升旅游者的旅游体验。

2.全域性

旅游演艺产品的全域性主要体现为它的受众群体是全国性,甚至是全球性的。换句话说,不管受众群体来自何种文化体系,都能够较好地理解旅游演艺产品所传达的文化内蕴。

旅游演艺产品的地域性和全域性之间是有密切关系的。因此,旅游演艺企业在开发设计旅游演艺产品时,要将旅游演艺产品的地域性和全域性特色结合在一起。具体来说,旅游演艺企业一方面要重视产品的地域特色,依靠当地独有的文化内涵增强旅游演艺产品的吸引力;另一方面要重视旅游演艺产品的全域性,避免出现因过于追求产品的地域特色,而使得来自其他地方的游客无法接受旅游演艺产品的情况,从而阻碍了旅游演艺产品价值的彰显。

(二)原生性与现代性相结合

1.原生性

所谓原生性,主要强调旅游演艺企业所设计开发的旅游演艺产品需具有原生态这一特点。具体来说,原生性主要包括两个方面的内容:其一,内容原生,即旅游演艺产品的开发设计需依托当地的自然景观和人文景观;其二,形式原生,即旅游演艺产品的演出形式需具备地方特色。

2.现代性

旅游演艺产品的现代性主要体现在两个方面:其一是旅游演艺产品要具备现代化因素,比如现代化的舞台设计、现代化的演艺设备(光、电)辅助等;其二是旅游演艺产品从开发到推广需建立现代化的运行架构。

旅游演艺产品的原生性和现代性特征,要求旅游演艺企业在设计、开发、推广旅游演艺产品的过程中,一方面通过融合当地的自然景观和人文景观,彰显旅游演艺产品的原生魅力;另一方面借助现代化的设备、运行架构等,提升旅游者的审美体验、降低旅游演艺企业的运行成本。

(三)大众性与提升性相结合

1.大众性

旅游演艺产品的大众性特点主要是由旅游的本质决定的。从本质上来讲,旅游属于一种大众性的娱乐活动,旅游演艺产品所面对的受众主要是前来放松、娱乐的大众,这就要求旅游演艺产品需具备娱乐性和大众性特点。需要注意的是,大众性并不意味着旅游演艺产品缺乏古典或高雅的节目,其只是要求将古典、高雅的节目以一种相对娱乐、通俗的方式呈现给观众。

2.提升性

旅游演艺产品的提升性主要体现为其能够开阔旅游者的眼界、提升他们整体的审美体验。旅游演艺产品是一种融合了当地自然风光与人文风情的"艺术品",通过观看或参与其中,旅游者能够获得精神上愉悦和情感上的升华,激励他们以更加积极的态度对待生活。

旅游演艺产品的大众性和提升性特征,要求旅游演艺企业一方面重视以通俗、娱乐的方式阐释旅游演艺产品,另一方面不断提高旅游演艺产品的质量,从而提升旅游者的旅游体验。

第二节　旅游演艺产品的开发

旅游演艺产品的开发是旅游演艺企业开展旅游演艺活动的一个重要前提。科学、合理的开发,不仅能够使旅游演艺产品更具合理性、更能满足消费者的需求,而且有助于更好地将旅游演艺产品推向市场,提升它的社会知名度。本节主要对旅游演艺产品的要素以及开发思路进行了详细的阐述。

一、旅游演艺产品的要素

旅游演艺产品是旅游产业与演艺产业结合的产物,其要素分基本要素和特色要素两种。其中,基本要素主要包括四个方面的内容,即坚持娱乐互动、融入创意旅游、挖掘地方文化、推动产品创新;特色要素主要通过主题公园类、实景类、剧场类、巡演类旅游演艺产品体现出来。

(一)旅游演艺产品的基本要素

1.坚持娱乐互动

进行娱乐互动是为了更好地满足游客的参与感,使他们能够借助旅游演艺产品获得精神上的愉悦,丰富自己的旅游体验。而旅游演艺产品之所以具有这样的功效,很大程度上在于其内含着当地特有的历史韵味与文化内涵,使游客在参与的过程中,获得心灵上的共鸣。因此,旅游演艺产品的开发需坚持娱乐互动这一原则,让游客切实参与进来,丰富他们的体验感,从而更好地吸引游客,更好地将当地的历史韵味与文化内涵传递出去。

2.融入创意旅游

具有独特的地方特色和文化内蕴是旅游演艺产品的一个重要特色,因此需要各地在开发旅游演艺产品时,在地方文化的挖掘上多下功夫。但是仅仅靠文化的魅力是不能长久地吸引游客的,需要基于地方文化特色,通过有效结合创意产业来达到留住游客、提升旅游目的地知名度的目标。

在很多受游客钟爱的旅游演艺产品中,能够发现其中融入了诸多创意旅游的因素,彰显了文化与创意合作的力量。比如大型桂林山水实景演出《印象·刘三姐》,既展现了广西桂林独有的文化特色,也开启了文化与旅游融合发展的新模式。

3.挖掘地方文化

旅游演艺产品需融入创意旅游,而这种创意是需要建立在旅游目的地历史文化基础上的,缺乏这一必要的基础,所开发出来的旅游演艺产品势必缺乏独特性和生命力。以《印象·刘三姐》为例,该作品在深度挖掘地方文化的基础上,通过动态的演出,展现了广西桂林独有的人文风情。可以说《印象·刘三姐》是融当地的民族文化、漓江风情于一体的,很好地激起了无数游客前往桂林一探究竟的欲望。

4.推动产品创新

从某种意义上来讲,旅游演艺产业属于一种创意产业,只有不断地进行创新,旅游演艺产业才能实现长久地发展。因此,各地在实际的发展过程中,要重视推动旅游演艺产品的创新,依靠产品的创新来传递地方的特色与魅力、吸引更多的游客、推动当地旅游演艺产业的持续、稳定发展。

(二)旅游演艺产品的特色要素

根据演出形式的不同,可以将旅游演艺产品分为不同的类型,比如主题公园类旅游演艺产品、实景类旅游演艺产品、剧场类旅游演艺产品等。这些不同类型的旅游演艺产品所侧重的点也存在较大的差异,因此在设计、开发的过程中,要格外重视对不同类型旅游演艺产品特色要素的挖掘。

1.主题公园类旅游演艺产品

主题公园类旅游演艺产品是以主题公园为依托，借助多样化的表演形式，来达到相应的目的。在设计、开发该类旅游演艺产品时，需要注意以下几个方面的特殊因素：其一是遵循主题公园大的主题框架，换句话说就是与主题公园的主题相呼应；其二是与主题公园大环境相协调；其三是契合主题公园的文化定位；其四是协助主题公园更好地将主题传递给游客。

浙江杭州宋城旅游发展股份有限公司推出的《宋城千古情》，以宋城景区为依托，借助走秀、舞蹈等形式，在呈现作品艺术魅力的同时，也为宋文化主题的传递提供了一个良好的平台。

2.实景类旅游演艺产品

实景类旅游演艺产品是以旅游目的地的自然风光为依托，以从当地文化中提炼出来的故事为核心，借助相应的科技手段（如光、电等），来展现自然与人文和谐统一内涵的产品。在设计、开发该类旅游演艺产品时，需要注意以下几个方面的特殊因素：其一，如何有效运用当地的自然风光（即把自然风光转化为舞台背景）；其二，如何通过旅游演艺产品阐述当地的特色文化；其三，如何借助科技的手段，来丰富游客的旅游体验、满足游客多元的需求。

郑州市天人文化旅游有限公司推出的《禅宗少林·音乐大典》，以山作台、以夜为幕，集合了水声、钟声、木鱼声，糅合了人文、山水与禅境，游客身临此景如入佛国仙境，不仅体验到了音乐大典的魅力，更是感悟到了禅宗的博大与精深。

3.剧场类旅游演艺产品

剧场类旅游演艺产品是以相应的演出场馆为依托，借助独有的舞台设计、灯光布置、音效设置等，来完成作品的展示、主题的传达。在设计、开发该类旅游演艺产品时，需要注意以下几个方面的内容：其一，剧本的挑选（精彩与否）；其二，演员的选择（优秀与否）；其三，设施设备的选择与布置（恰当、合理、安全与否）。

黄山茶博园投资有限公司推出的《徽韵》，采用了最先进的舞台搭建技术，以及雨帘与雾升系统、可移动的立体景架等，再加上专业的演员配置，使得《徽韵》获得了极好的名声。

4.巡演类旅游演艺产品

巡演类旅游演艺产品是基于旅游目的地民俗文化特征形成的一种产品,这一类型产品价值的实现,一方面来自地域民俗文化本身所具有的独特魅力,另一方面来自外地市场对该文化的认可。由于巡演类旅游演艺产品所面对的观众群体往往对产品本身所内含或外显的文化不熟悉,所以在设计、开发此类演艺产品时,需要注意以下几个方面的内容:其一是重视对演艺内容的选择,其二是采用最纯粹的表演形式,其三是重视文化反差的呈现。

云南杨丽萍艺术发展有限公司推出的大型原生态歌舞集《云南映象》,将传统舞台艺术与现代化的技术手段结合在一起,以"原生态"的表演方式,将观众带进一个"虚幻"又"真实"的云南少数民族部落中。

二、旅游演艺产品的开发思路

(一)旅游演艺产品设计要点分析

不同的旅游演艺产品所依托的文化内蕴、自然风光等有着很大的差异,因此,在进行产品设计时,要在不同旅游演艺产品的要点设计方面多下功夫,确保所设计的旅游演艺产品能够更好地发挥出自身的价值。

1.主题公园类演艺产品设计要点

主题公园类演艺产品的设计,需要重点关注以下几个方面的内容:其一,旅游目的地地域文化的深度挖掘;其二,基于市场需求的精准主题定位;其三,产品娱乐性与参与性的结合;其四,"硬件"(如舞台、道具等)配置与"软件"(即产品的内容与形式)包装的选择与创新。

2.实景类旅游演艺产品设计要点

实景类旅游演艺产品的设计,需要重点关注以下几个方面的内容:其一是地域优势的重点呈现,其二是鲜明、适宜主题的选择,其三是创意元素的运用,其四是演员的挑选与设备的安置。

3.剧场类旅游演艺产品设计要点

由于剧场类旅游演艺产品在很大程度上受场地的限制,所以在进行此类产品的设计时,需要重点关注以下几个方面的内容:其一,基于市场需求,准确定位;其二,挖掘优势资源、突出特色主题;其三,巧妙运用现代化的科技手段;其四,重视演出内容的娱乐性与参与性。

4.巡演类旅游演艺产品设计要点

巡演类旅游演艺产品的设计,需要重点关注以下几个方面的内容:其一,专业化编创团队的组建;其二,地域文化风情及其他资源的深度挖掘;其三,基于市场需求采取多元化的包装手段。

（二）旅游演艺产品创设的要素

旅游演艺产品创设的要素主要有四个,即主题、精品、娱乐参与性以及创新性。其中,主题是旅游演艺产品创设的框架,精品是旅游演艺产品创设的主要关注点,而娱乐性参与和创新性则是旅游演艺产品创设形成吸引力的关键。

1.主题

主题作为旅游演艺产品创设的框架,不仅"约束"着整个产品创设的整体思路,而且有效地将各环节连在了一起,形成一个整体。如果缺乏主题的"规范",那么创设的旅游演艺产品会给观众一种拼凑和凌乱的感觉,不仅不能够彰显旅游目的地的魅力、吸引游客,反而会使游客因此而厌烦这一景区,得不偿失。

需要注意的是,主题的确定并不是毫无章法的,需要充分考虑当地的历史人文和自然风光,这样才能使旅游资源和演艺产品和谐地融合在一起。《印象·刘三姐》的主题是"天人合一",围绕这一主题,《印象·刘三姐》很好地展现了当地的历史文化内蕴以及美丽的自然风光。

2.精品

精品即高质量的旅游演艺产品,它是旅游演艺产品创设的主要关注点。只有设计、开发出高质量的产品,才能更好地满足消费者的高品质审美体验需求,才能更好地彰显旅游演艺目的地的魅力。

通常来说,高质量旅游演艺产品的创设需要满足三个方面的条件,即天时、地利、人和。

天时要求在创设旅游演艺产品之前,进行必要的市场调研,明确市场需求,做好市场定位工作,从而使创设的产品能够很好地被市场所认可和接受。

地利要求在设计旅游演艺产品时,将演艺产品与旅游目的地的资源有机融合在一起,尤其要重视旅游目的地的历史文化内蕴和人文风情,这样才能更好地彰显旅游演艺产品的价值与魅力。

人和,简单来讲就是高质量旅游演艺产品的创设需要有优秀的创编团队作保障,同时还需要优秀的表演团队作支撑。

3.娱乐参与性

娱乐参与性也是创设旅游演艺产品时需考虑的一个重要因素。随着社会经济的快速发展,人们的物质追求得到了极大的满足,开始重视对精神层面需求的满足,就旅游而言,则是越来越重视旅游过程中的参与性和娱乐性体验。因此,在进行旅游演艺产品创设时,要重视产品的娱乐参与性,使游客通过创设的产品,既获得了知识方面的熏陶(如了解了当地的人文风情),也能获得精神方面的愉悦。

4.创新性

相较于其他的旅游产品,旅游演艺产品的生命周期往往较短,这就要求不仅在设计、开发旅游演艺产品时,注重创新性元素的投入,而且在展示这些产品的过程中,也要根据市场的需求不断地进行创新性的调整,从而增强产品的吸引力。

(三)旅游演艺产品的品牌创建

品牌创建也是旅游演艺产品开发过程中的一个重要环节。随着市场营销管理的手段深入发展,品牌策略的重要作用日益凸显,创建品牌就显得尤为重要。对旅游演艺企业来说,品牌创建的意义主要体现在以下几个方面。

1.演艺产品能获得法律保护

品牌一旦注册,也就意味着旅游演艺企业所推出的演艺产品得到了法律的保护,任何的企业和个人未经允许,都不得抄袭或模仿,这使得旅游演艺企业的合法权益得到了有效地保护,为旅游演艺产品的有序发展提供了有利的环境。

2.促进演艺产品的宣传

从某种意义上来讲,品牌是企业在长期发展过程中形成的一种良好口碑,是企业的"通行证",也是企业信誉的标志。旅游演艺企业通过品牌的创建与宣传,能够使游客在内心树立起旅游演艺产品的整体形象,从而对旅游演艺产品的销售产生积极的意义。

3.促进演艺产品销售

从经济学的角度来讲,品牌是一个企业的信誉和保障。依靠品牌优势,旅游演艺企业往往能吸引一部分忠实的消费者,保持相对稳定的销售额;而借助品牌所形成的附加值或产业链,企业又会吸引更多的消费者,这对演艺产品的销售是有巨大助益的。

（四）旅游演艺产品的开发过程

旅游演艺产品的开发不是一蹴而就的,而是经历了一个系统的开发过程,这一过程大致包括八个方面的内容,具体如图4-1所示。

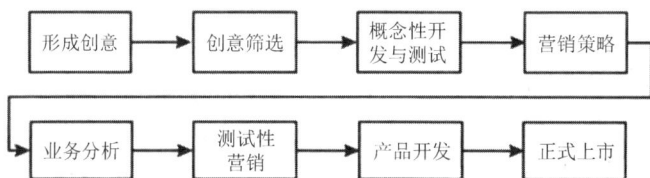

图4-1　旅游演艺产品的开发过程

1.形成创意

形成创意是旅游演艺产品开发的第一步。是否具有好的创意,不仅关系着旅游演艺企业所创作的产品能否得到游客的认可,而且影响着旅游演艺市场的整体发展态势。通常来说,旅游演艺企业创意的主要来源有四个,即内部来源、消费者、竞争者以及其他来源。

（1）内部来源

内部来源是企业形成创意的主渠道,企业通过组建创意团队、借助科学的研究开发手段,来形成契合市场需求的创意。

（2）消费者

旅游演艺产品的最终服务对象是消费者,所以通过调查消费者,了解他们的旅游需求,也能形成良好的创意。

（3）竞争者

竞争是激发旅游演艺企业创新的一个重要动力。就形成创意而言,旅游演艺产品的创意团队,可通过观察竞争者的相关行为（如广告投放、营销策略等）,有针对性地进行创新,从而形成区别于竞争者,同时又优于竞争者的创意。

（4）其他来源

除了内部来源、消费者、竞争者之外，旅游演艺企业在形成创意的过程中，还会考虑其他方面的因素，比如广告代理机构的宣传、政府机构的政策发布等，这些因素都是旅游演艺企业形成创意的其他来源。

2.创意筛选

创意筛选是旅游演艺产品开发的第二步。筛选的目的是摒弃无用或效果不佳的想法，选出整体占优的创意，从而降低创意实施过程中的可能存在的风险。通常来说，旅游演艺企业创意团队在进行创意筛选时，往往需坚持三个方面的原则，即可行性原则、效益性原则以及适应性原则。

3.概念性开发与测试

概念性开发与测试是旅游演艺产品开发的第三步。所谓概念性开发与测试，主要指创意团队基于筛选而出的创意，所进行的演出人员的筛选和节目的排演。概念性开发与测试的目的是及时发现并解决创意中可能存在的问题，从而为产品的开发与上市奠定良好的基础。

4.营销策略

营销策略是旅游演艺产品开发的第四步，也是将旅游演艺产品推向市场最关键的环节。科学、合理的营销策略，能够使旅游演艺产品在旅游市场占据有利的地位，从而使消费者知晓并愿意购买旅游演艺产品。科学、合理的营销策略的制定，不仅需要团队对旅游目的地的相关人文风情、自然风光有充分的认识，而且需要准确把握市场的现实需求。只有双管齐下，才能制定出有效的旅游演艺产品营销策略。

5.业务分析

业务分析是旅游演艺产品开发的第五步，是旅游演艺企业在收集市场相关信息的基础上进行的一种推动商业决策制定的分析。业务分析的意义主要体现在两个方面：一方面，业务分析能够通过对未来市场的预测，帮助企业进行正确的商业决策；另一方面，业务分析能够有效预见商机或风险，帮助企业组织更智能的运营活动。

6.测试性营销

测试性营销是旅游演艺产品开发的第六步。在这一环节，需要注意两个方面的问题：其一，根据之前规划好的营销策略进行测试性实践操作；其二,根据所得到的营销反馈结果完善营销方案。

7.产品开发

产品开发是旅游演艺产品开发的第七步。这一阶段的主要任务是基于之前的相关工作,制定出旅游演艺产品的成品。需要注意的是,产品的开发不仅要关注外景选择、演出规模、互动时长等内容,还需要做好物资供应、设备管理等方面的工作,确保产品的开发能够稳步进行。

8.正式上市

正式上市是旅游演艺产品开发的最后一步。在这一阶段,一方面要做好产品的宣传和维护工作,另一方面要根据消费者的具体反馈来调整和改进产品,从而使产品的价值能够得到充分的发挥。

(五)旅游演艺产品生命周期

旅游演艺产品自诞生至退出市场大致经历四个阶段,即导入期、成长期、成熟期以及衰退期,在这个生命周期中,旅游演艺产品的销售额与利润额如图4-2所示。

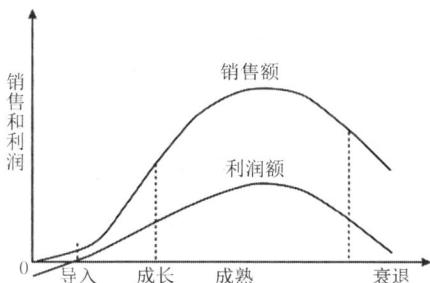

图 4-2　旅游演艺产品在不同阶段的销售额与利润额

1.导入期

在导入期,消费者对旅游演艺产品还不熟悉,他们对产品的认可与接受需要一个较为漫长的过程,这使得产品的销售额处于一种缓慢上升的态势。此外,在这一阶段,旅游演艺新产品还要面对同行同类产品的挤压,使得销售量的增加非常缓慢,利润额也非常低,甚至出现亏本的情况。

因此,在导入期,旅游演艺企业需要重点做好三个方面的工作:其一是确保旅游演艺新产品及提供服务的质量;其二是做好宣传工作;其三,旅游演艺企业还要及时收集、整理消费者的信息反馈,并根据这些反馈对旅游演艺产品进行必要的调整和改进,从而在提高消费者信任度的同时,提高旅游演艺产品的知名度。

2.成长期

在成长期,消费者对旅游演艺产品有了一定的认可度,会对喜欢的产品进行相应的消费,再加上企业自身在不断调整和改进产品的质量,使得企业在这一时期的销售额和利润额都开始稳步增长,旅游演艺市场也呈现出良好的发展态势。

一般来说,旅游演艺企业在这一阶段为了更好地吸引消费者、在市场上占据主动地位,往往会采取多元化的战略,具体来说主要有以下几种:其一是提高产品质量与完善售后服务,其二是进入新的分销渠道和细分市场,其三是调整价格(多指降价),其四是转移广告需求目标(即从建立对产品的认知转向建立对产品的信任)。

3.成熟期

在成熟期,旅游演艺产品已经形成了相对完善营销、管理体系,销售额与利润额在某一阶段达到峰值后,开始缓慢下降。一般来说,这一阶段所持续的时间远比其他三个阶段长,竞争也更为激烈,旅游演艺企业要想在激烈的竞争中占据主动权,必须对目标市场、产品、营销组合进行必要的调整。

(1)目标市场

就目标市场的调整而言,旅游演艺企业的相关管理者需要做到以下几点:其一,通过寻求新的细分市场,增加消费者对旅游演艺产品的消费(比如重复观看等);其二,通过对品牌进行重新定位,在留住忠实客户的同时,开发新的消费者。

(2)产品

就产品的调整而言,旅游演艺企业的相关管理者需要从产品的创新层面着手,对产品特性、特色、风格等进行改进,通过产品的创新来吸引、刺激消费者进行重复购买。

(3)营销组合

就营销组合的调整而言,在具体的营销过程中,旅游演艺企业的相关管理者可以从以下几个方面着手:其一,通过改变组合元素来增加销量;其二,借助广告或降低价格等手段来吸引消费者;其三,采取更加积极有效的人员推销或其他促销手段。

4.衰退期

在衰退期,大多数旅游演艺产品的销售量和销售额都会有明显的下降,而且不同的旅游演艺产品,其下降的速度会存在一定的差异。随着销售量和销售额的持续降低,一部分旅游演艺企业会采取相应的举措(比如减少演出场次、缩减促销预算等),来降低疲软经营造成的损失;另一部分旅游演艺企业则从市场上及时撤出,降低疲软市场给自身带来的风险。因此,在这一阶段,旅游演艺企业的相关管理者要在充分分析各方面因素的基础上,做出维持还是舍弃该旅游演艺产品的决策,在最大程度上保留旅游演艺产品给企业所带来的利益。

第三节 旅游演艺产品的营销

进行旅游演艺产品的营销是旅游产品价值得以彰显的一个重要途径。只有将旅游演艺产品推广出去,才能提升它的曝光率和社会知名度,才能吸引旅游者前来观看,才能使它的价值得以发挥。本节主要从三个方面来分析旅游演艺产品的营销广,即旅游演艺产品的营销战略、旅游演艺产品的营销策略以及旅游演艺产品的网络营销。

一、旅游演艺产品的营销战略

(一)市场定位

市场定位是旅游演艺企业营销旅游演艺产品的一个重要战略。通过市场定位,企业能够有效地掌握市场的整体动向和目标客户的需求,为之后科学、合理的营销战略的制定提供参考和依据。就旅游演艺企业而言,市场定位主要包括两个方面的内容,其一是定位旅游市场,其二是制定市场战略。

1.定位旅游市场

相较于其他的文化表演,旅游演艺活动的特殊性主要体现为其目标市场主要是到游客,而游客与旅游目的地的居民是有很大不同的,这就需要企业在营销旅游产品时,做好旅游市场的定位,明确并迎合不同游客的旅游需求,从而使旅游演艺产品的价值得到最大程度的彰显。

以《宋城千古情》为例,杭州是一座非常有名的旅游城市,但相较于白天的喧哗与热闹,杭州的夜间旅游是非常疲软的。看到夜间旅游消费这一巨大市场空白之后,宋城景区深入市场、找准定位,根据游客的旅游与审美需求,决定在白天演出的基础上,增加夜间演出,这样做不仅很好地填补了夜间旅游消费市场的空白,满足了游客的夜间旅游需求,而且使《宋城千古情》这一产品更好地为游客所接受,产品的价值也得到了更好的彰显。

2.制定市场战略

就旅游演艺企业来讲,基于准确的市场定位,企业能够有效地把握市场的整体发展态势,包括旅游演艺产品的市场占有情况、游客对旅游演艺产品的认可与接受度、旅游演艺产品的潜在发展方向等。通过准确的市场定位,旅游演艺企业根据旅游目的地的实际情况,制定可行的市场战略,从而更好地旅游演艺产品推广出去,在提升产品知名度的同时,增加当地的经济收入。

(二)产品定位

旅游演艺产品的营销还需要做好产品定位工作。一般来说,产品定位主要包括产品特色定位、产品附加服务、产品更新三个方面的内容。

1.产品特色定位

是否具有特色是衡量一个旅游演艺产品能否长远发展的一个重要标准。具有特色的旅游演艺产品,往往具有较为旺盛的生命力,在营销的过程中也更能为游客所认可和接受,表 4-2 为我国知名旅游演艺产品的特色定位。

表 4-2　我国知名旅游演艺产品的特色定位

旅游演艺产品	特色定位
《北京之夜》	大型组合式晚宴艺术
《宋城千古情》	立体全景式大型歌舞
《印象·刘三姐》	大型实景山水演出
《梦回大唐》	仿古乐舞
《时空之旅》	超级多媒体梦幻剧
《风中少林》	大型原创功夫舞剧
《印象·丽江》	大型实景山水演出

2.产品附加服务

所谓产品附加服务,主要指围绕旅游演艺核心产品所组织的一系列服务,其价值主要体现在为核心产品价值的彰显提供必要的辅助。通常来说,旅游演艺产品的附加服务主要包括五个方面的内容,如图 4-3 所示。

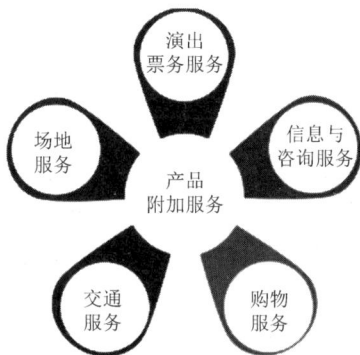

图 4-3　产品附加服务

(1)演出票务服务

演出票务服务是旅游演艺产品附加服务最为主要的内容,一般由剧场或票务公司提供。就当下而言,旅游演艺票务服务的主要形式有如下几种:窗口售票、旅行社捆绑售票以及网络售票。

(2)场地服务

场地服务也是旅游演艺产品附加服务的一项重要内容,其质量的好坏对游客的旅游体验产生着直接的影响。通常来说,场地服务主要包括硬件设施服务(如舞台、道具、灯光等)和软性服务(如为游客提供帮助等)两种类型。

(3)信息与咨询服务

信息与咨询服务是一种贯穿旅游演艺整个过程的附加服务,其主要功能是为游客提供了解旅游演艺产品相关信息的平台。在具体的服务过程中,一方面可以使用传统的方式(如信息公示栏、宣传小手册等)来为游客提供信息与咨询服务,另一方面也可以借助互联网手段(如在线咨询等),帮助游客更加全面地了解旅游演艺产品。

(4)交通服务

旅游演艺活动的顺利进行,离不开交通工具的支持。从某种程度上可以说,没有现代化的交通服务,旅游演艺活动就不能有效地开展。因此,旅游演艺企业在选择演出地时,必须充分考虑交通的便捷性和安全性,为游客提供高质量的服务,提升他们的旅游体验。

(5)购物服务

购物服务也是一种重要的旅游演艺产品附加服务,这种购买服务主要指旅游演艺企业所提供的各种纪念产品,比如明信片、纪念册、人物玩偶等。提供精心的购物服务,不仅能够吸引游客,提升游客的旅游体验,而且能够增加旅游目的地的经济收入。

3.产品更新

创新是事物保持生命力的重要保障,旅游演艺产品只有立足于创新,不断更新,才能在激烈的旅游市场上占据有利的地位。通常来说,旅游演艺企业进行产品更新的途径主要有两种:其一,通过加大科技投入,加快旅游演艺产品更新换代的速度;其二,通过不同产品的组合,形成新的产品类型。

(三)价格战略

价格战略也是旅游演艺产品营销时常使用的一种战略。科学合理的价格战略对旅游演艺产品的营销意义重大。在具体的营销活动中,常采用的价格战略主要包括以下几种:差别定价、根据产品生命周期定价、中间商折让定价以及品牌定价。

1.差别定价

差别定价,主要指一种企业基于不同消费者在消费同一产品时在主观评价方面存在的差异,以两种或两种以上不反映成本比例差异的价格来销售产品、获得最大利润的定价方式。

就旅游演艺产品而言,其本身带有"个性化"的特征,即价值的彰显受多方面因素的影响。因此,即使是同一旅游演艺产品,不同的观众受观看位置、心情、地点等因素的影响,所获得的审美体验也存在一定的区别。旅游演艺企业通过差别定价,一方面能够满足不同游客的观赏体验,另一方面能够在一定程度上增加自己的利润收入。

2.根据产品生命周期定价

根据产品生命周期定价,即旅游演艺企业在产品的导入期、成长期、成熟期以及衰退期,实行不同的产品定价策略。比如,在产品的导入期,价格不仅会影响到产品能否顺利进入市场,而且也会对产品能否在市场上占据主动地位产生重要的影响。

以《印象·刘三姐》为例。2003 年 9 月广西桂林广维文华旅游文化产业有限公司推出大型桂林山水实景演出《印象·刘三姐》,至 2004 年 3 月 20 日上映,此时期属于产品的导入期。为了能够顺利地打入市场,制作方以全国各地旅行社的 6000 余名导游为对象进行了调研,调研结束后采取"低价低促销"的慢渗透策略,将门票定为 100 元,但前提是必须保证 50% 的上座率才不会亏本。但事实上,由于调研群体极为有限,再加上制作方宣传不到位,《印象·刘三姐》连续六个月都处于亏损的状态。

之后,制作方开始改变定价策略,扩大调研对象,将游客定为主要的调研对象,在重新评估旅游市场的基础上,将票价改为 188 元/张(2004 年)。同时制作方与广告公司、旅行社等大力合作,加大宣传力度,提高产品的知名度,使得《印象·刘三姐》逐步被游客接受,产品的销量与利润也快速上涨。

3.中间商折让定价

所谓中间商折让定价,简单来讲就是旅游演艺企业给予中间商(如旅游代理商、旅行社、俱乐部等)各种折让优惠,以吸引购买、增加产品销量、获取更多利润的一种价格战略。在具体的旅游演艺活动中,旅游演艺企业常采取的中间商折让定价策略主要包括如图 4-4 所示的几种。

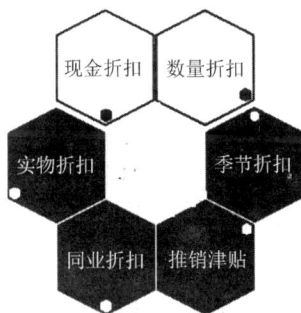

图 4-4　中间商折让定价策略

4.品牌定价

品牌定价,主要指一种旅游演艺企业基于自身在市场上已经形成的商标品牌,对旅游演艺产品进行定价的策略。通常情况下,品牌的知名度越高,相较于同类产品其价格也会定得越高,但具体比同类产品高多少,还需企业充分考虑多方面的因素,比如消费者的满意度、旅游市场的整体发展态势等。

（四）销售路径

旅游演艺产品营销的过程中,旅游演艺企业常采取的销售路径主要有以下几种,即分销渠道、剧场销售、网上直销、票务代理、中间商销售等。

1.分销渠道

通过分销渠道来推广产品,是旅游演艺企业常选择的一种销售路径。通常来说,旅游演艺企业采用的分销渠道主要包括三种,分别是直接营销渠道、一级营销渠道和多级营销渠道,以《宋城千古情》和《云南映象》为例,对这三种分销渠道进行简述。

（1）直接营销渠道

直接营销渠道也被称为零级渠道,主要指旅游演艺产品生产商直接将产品销售给旅游者,而不需要中间商参与的一种营销方式。直接营销渠道的结构如图 4-5 所示。

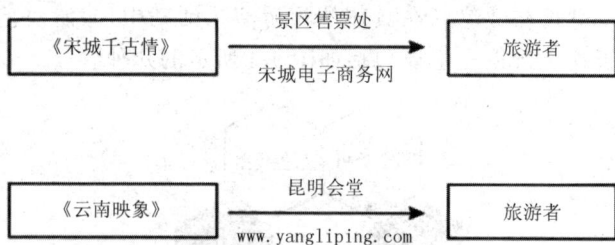

图 4-5　直接营销渠道图示

（2）一级营销渠道

所谓一级营销渠道,主要指旅游演艺产品生产商通过中间商的帮助,将产品销售给旅游者的一种营销方式。一级营销渠道的结构如图 4-6 所示。

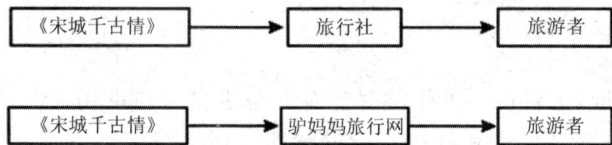

图 4-6　一级营销渠道图示

（3）多级营销渠道

多级营销渠道是相对于直接营销渠道和一级营销渠道这种单一营销渠

道而言的,旅游演艺产品生产商要想将产品销售给旅游者,往往需要有两个或三个层次的中间商介入。所以说,多级营销渠道主要包括二级营销渠道和三级营销渠道两种,图 4-7 为二级营销渠道图示。

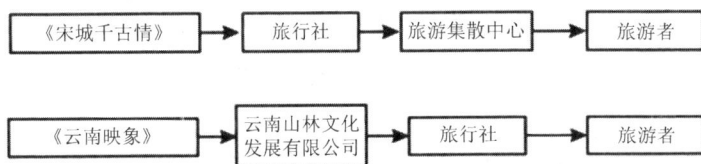

图 4-7　二级营销渠道图示

2.剧场销售

剧场销售,即旅游演艺企业在剧场或景区进行现场售票的一种销售路径。这种销售方式是一种比较传统的方式,不管是过去还是当下,都有着庞大的群众基础,深受旅游者的喜爱。

3.网上直销

网上直销是互联网时代的一种新型售票方式。旅游演艺企业借助互联网的优势,通过网络票务售票系统,能够简化旅游者购票程序、节省旅游者的时间以及提升其审美体验。

4.票务代理

票务代理,简单来说就是票务代理公司以互联网为依托,借助网络技术手段,向旅游者提供便捷票务服务的一种售票方式。通常来说,票务代理公司在票务代理过程中,所提供的服务主要有三种,分别是买断式代理服务、捆绑式代理服务和松散式代理服务。

5.中间商销售

中间商销售也是旅游演艺企业常采取的一种销售方式,借助中间商所具有的优势(如宣传、客源等),旅游演艺企业能够更好地将旅游演艺产品推广出去。需要注意的是,旅游演艺企业在选择中间商时,要统筹考虑各方面的影响因素,从而提高旅游演艺产品的曝光率和知名度,吸引更多的游客、获取更多的经济收入。

通常来说,旅游演艺企业在选择中间商时,需要考虑三个方面的内容,即中间商方面、市场需求方面以及旅游演艺产品方面。具体内容如图 4-8 所示。

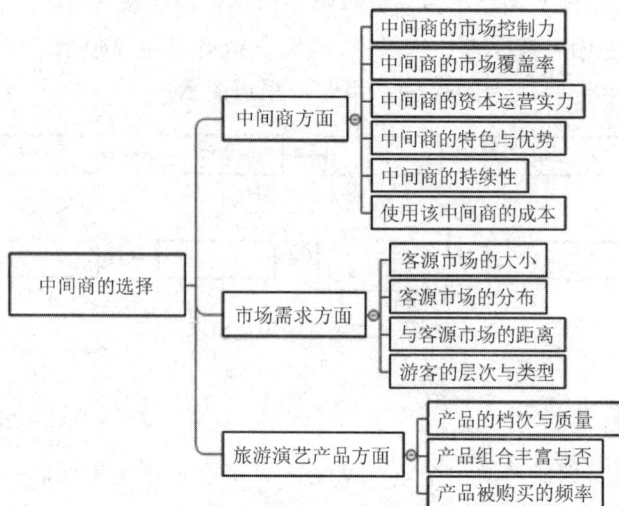

图 4-8　中间商选择的影响因素这个图不好

二、旅游演艺产品的营销策略

科学合理的营销策略对旅游演艺产品的有效推广、提高旅游演艺产品的知名度和市场占有率具有重要的意义。这里主要对旅游演艺产品的营销推广路径和营销方式选择进行简要分析。

（一）营销路径

在具体的旅游演艺产品营销营销过程中,旅游演艺企业可采取或依托的路径主要有两种,其一是政府整体营销,其二是专业营销公司营销。具体分析如下所述。

1.政府整体营销

政府整体营销,即政府通过宏观调控政策,将旅游演艺企业纳入相关企业间联盟,借助互联网等媒体优势,来提高营销准确度和可信度的一种营销方式。[1] 政府整体营销的优势主要体现在两个方面:其一是信息的完整性好,其二是宣传的可信度高。

---

[1]　杨卫武,徐薛艳,刘嫄.旅游演艺的理论与实践[M].北京:中国旅游出版社,2013:139.

旅游演艺的发展与成熟离不开政府的支持与帮助。地方政府通过组织或辅助旅游演艺活动,能够扩大当地旅游景区的知名度,拉动旅游、经济贸易等产业的发展。对旅游演艺企业而言,其可以借助政府对旅游演艺活动的大手笔投资与辅助,或者说借助政府整体营销的"后劲",来扩大旅游演艺产品的知名度、节约产品营销的资金投入。

2.专业营销公司营销

借助专业营销公司开展旅游演艺产品的营销活动,是旅游演艺企业在营销旅游演艺产品时最常用的一种策略。专业营销公司具有很多方面的优势,比如专业的营销团队、熟练的营销技能、现代化的营销理念等。旅游演艺企业通过专业营销公司来推广自己的旅游演艺产品,不仅能够在最大程度上提高旅游演艺产品的曝光度和知名度,而且对旅游演艺产品艺术价值与文化内涵的呈现也具有重要的意义。

(二)营销方式选择

在具体的旅游演艺产品推广过程中,旅游演艺企业常选择的推广方式主要有四种,即媒体广告、实践营销、推介会以及折价促销,具体分析如下。

1.媒体广告

媒体广告具有种类多、覆盖面广等优势,是旅游演艺企业在产品推广过程中,最常选择的一种推广方式。一般来说,旅游演艺企业在推广旅游演艺产品时所选择的媒体广告主要有四种,具体内容如表4-3所示。

表 4-3　旅游演艺企业常采用的媒体广告类型

类型	举例
电子媒体	电视、广播、扩音机等
网络媒体	门户网站、微博等
印刷媒体	报纸、期刊等
户外与焦点媒体	海报、旅行社等

2.事件营销

事件营销,即旅游演艺企业在产品推广的过程中,借助新闻热点、舆论焦点或具有一定影响力的人物或事件,来吸引媒体和公众的注意,从而达到树立企业的良好形象、提高旅游演艺产品的社会知名度、增加经济收入的目的。比如《云南映象》就是借助杨丽萍的明星效应,来提高产品的社会知名度,达成产品销售的目的。

3.推介会

所谓推介会,简单来说就是一种推广、介绍某种产品的大会或活动。通过推介会,旅游演艺企业可以将自己的产品、服务、理念等更好地推广出去,在树立企业良好形象的同时,提高旅游演艺产品的曝光率和社会知名度。

2005 年,上海时空之旅文化发展有限公司采用"请进来"的方式,在江苏和浙江两省举办了旨在提升《时空之旅》知名度、吸引更多长三角地区旅游者的推介会。该推介会为《时空之旅》的营销创造了有利的平台,最终结果是上海时空之旅文化发展有限公司与江、浙两省多地的旅行社签订了协议。数据显示,推介会之后,到上海观看《时空之旅》的江、浙旅游者占总游客的十分之一。[1]

4.折价促销

折价促销也是旅游演艺企业在推广旅游演艺产品时常采用的一种方式。具体来说,企业在采用这一方式进行产品营销时,要根据不同的主体灵活选择促销方式,图4-9为旅游演艺企业针对旅游者及代理商可采用的促销形式。

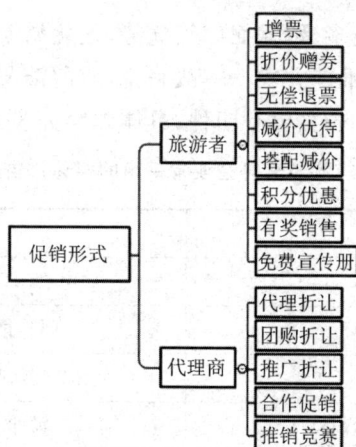

图 4-9　旅游演艺企业采用的促销形式

[1] 杨卫武,徐薛艳,刘媛.旅游演艺的理论与实践[M].北京:中国旅游出版社,2013:143.

三、旅游演艺产品的网络营销

互联网的快速发展,既给旅游产品的传统营销管理带来了冲击,也为其带来了新的发展机遇。就旅游演艺企业而言,其可以借助互联网跨越时空等优势,基于互联网与旅游演艺产品的适配性,合理选择网络营销路径,来提高旅游演艺产品的知名度,增加企业的经济收入。

(一)网络营销的特点

在互联网时代,人们在进行旅游活动之前,往往会借助互联网来完成相关任务,比如了解景区特色、查找旅游攻略、门票购买等。旅游演艺企业可以利用互联网及时了解旅游者的旅游意向、建议要求等,借助网络营销的特色与优势,有针对性地开展营销活动,提高旅游演艺产品的上座率和知名度。一般来说,网络营销的特点主要包括七个方面的内容,具体内容如图4-10所示。

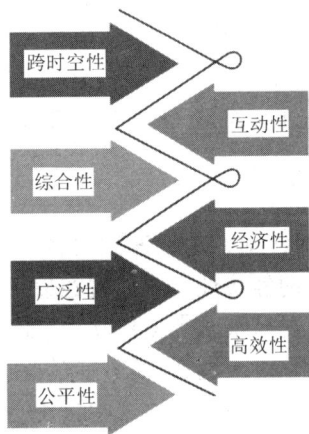

图 4-10　网络营销的特点

1.跨时空性

互联网具有超越时空的特性,旅游演艺企业借助互联网的这一优势,可以实现全天候和跨地域经营。营销活动的跨时空经营,不仅为旅游者旅行活动的开展提供了巨大的便利,而且在很大程度上提升了旅游演艺产品的营销效率。

2.互动性

互动性主要体现在旅游演艺企业与旅游者双向信息交流层面。

（1）旅游演艺企业

对旅游演艺企业来说，其可以通过网络营销，将企业的产品与服务更好地传递给旅游者，同时收集旅游者所反馈过来的意见和要求，然后及时调整营销策略，更好地将自己的旅游演艺产品推广出去。

（2）旅游者

对旅游者来说，其可以通过旅游演艺企业所开展的网络营销活动，了解旅游演艺产品的相关信息，然后合理安排自己的旅游活动。当然，旅游者也可以通过旅游演艺企业所设置的反馈平台，将自己的意见或建议反馈给旅游演艺企业，这对旅游演艺企业的发展及旅游演艺产品的不断完善是有巨大意义的。

3.综合性

综合性主要体现为旅游演艺企业可以借助互联网的优势，来实现自身的"综合"经营。这种"综合"经营主要包括以下几个方面的内容：市场调研、广告宣传、票务销售、售后服务等。需要注意的是，"综合"经营过程中的各环节之间并不是相互独立的，而是紧密相连，并起着相辅相成作用的。

4.经济性

经济性主要体现为旅游演艺企业通过网络营销可以有效降低自己的开支。具体来说，网络营销的经济性主要体现在以下几个方面。

其一，网络营销兼备交易平台和促销功能，能够有效降低旅游演艺企业在广告宣传、办公费用（租金、水电费）等方面的支出，节约经营成本。

其二，网络营销借助的是网络这一虚拟的交易平台，不存在库存开支方面的支出，旅游演艺企业根据营销的实际效果灵活采取针对性举措即可。

其三，网络营销在很大程度上简化了旅游演艺产品营销、交易等程序，减少了诸多线下营销时烦琐的环节，从而降低了营销成本。

5.广泛性

网络全球化是当今世界发展的一大特色，旅游演艺企业借助网络营销旅游演艺产品，已经成为其实施市场扩张行为的最佳手段。可以说，网络营销的广泛性，不仅为旅游演艺企业的市场营销提供了更加有力的平台支持，而且为旅游演艺企业自身的发展壮大提供了新的机遇。

6.高效性

网络营销的高效性主要体现在两个方面:其一,旅游演艺企业借助网络营销能够高效了解、把握市场的整体发展态势,然后及时对旅游演艺产品进行完善或更新;其二,网络营销可以为旅游者提供更加高效的服务,通过旅游演艺企业进行的网络营销活动,旅游者能够获得更加方便、快捷的服务,比如了解产品的相关信息、购票等,在很大程度上节省了旅游者的时间和精力。

7.公平性

网络营销的公平性主要体现为其对所有的旅游演艺企业都是公平的,不会因为企业的规模、经营的状况等因素,而给予企业有差别的待遇。这种公平性能够促使旅游演艺企业为了在市场上占据有利地位,而不断提高自己的产品质量、服务水平等。

(二)网络营销路径选择

旅游演艺企业在进行网络营销时,可选择以下两种路径:其一是利用他人网站,其二是建立自有网站。

1.利用他人网站

利用他人网站,即旅游演艺企业借助具有一定影响力的他人网站,来进行网络营销活动。具体来说,利用他人网站主要包括两个方面的内容:其一,在门户网站(如搜狐、腾讯、百度等)上发布链接、相关信息,或者以赞助的形式为门户网站提供服务;其二,在专题论坛上发布营销信息,旅游演艺企业常用的专题论坛有马蜂窝、四方悦途、途牛、百度旅游等。

2.建立自有网站

建立自有网站对旅游演艺企业来说意义重大,它意味着企业的网络营销具有了专业的网站,这能够提高旅游者对企业营销的信任度,帮助企业树立自己的形象、形成自己的品牌。对旅游演艺企业而言,建立自有网站的方法主要有以下几种:其一,企业建立服务器,申请独立域名;其二,企业租用网络公司硬盘空间,将旅游演艺产品的相关信息做成网页,然后投放到硬盘空间中。

（三）网络营销策略

在互联网时代,网络营销从某种意义上可以说是旅游演艺产品市场营销最重要的举措。制定科学、合理的网络营销策略,能够在很大程度推动旅游演艺产品的营销。通常来说,旅游演艺企业在开展网络营销的过程中,可以采取以下几种营销策略:其一,规划演出合同签订;其二,明确顾客喜欢的结算方式;其三,构建电子商务平台;其四,注重网络营销互动性的挖掘;其五,建立会员数据库。

第五章　文旅融合视角下旅游演艺
发展环境优化

　　旅游演艺发展的环境对旅游演艺发展具有重要的影响,也是我们研究的重点,本章将从两个层面对文旅融合视角下旅游演艺发展环境的完善进行研究,一是旅游演艺发展环境分析,二是完善旅游演艺发展环境的路径分析。

第一节　旅游演艺发展环境分析

　　发展环境是一个经济实体可以依托的所有的外部条件的综合,涵盖文化环境、经济环境、自然环境、技术环境与法律环境等。旅游演艺的发展是多种因素共同作用的结果。本节主要阐述了三个方面的内容,即旅游演艺发展背景分析、旅游演艺发展的具体环境分析以及旅游演艺与影响因子的契合度分析。

一、旅游演艺发展背景分析

　　国内旅游演艺的正式出现的标志是 2010 年深圳交易证券宋城股份的上市。随着旅游演艺估值的扩大,目标市场的拓宽,市场大环境的日益改善,行业竞争者的数量开始不断增多。北京保利剧院在合肥大剧场的成功亮相、安徽演艺集团的正式挂牌、上海旅游演艺在世博会上的优异表现,这些不仅表明了高品质的旅游资源能够激活旅游演艺的发展潜力,而且表明开放的市场环境对旅游演艺的发展具有促进作用。具体来说,旅游演艺产业发展的背景可概括为以下两个方面。

　　(一)文化产业提供的支撑因素

　　随着文化与经济的不断融合,文化产业将会不断地崛起,在市场效应的推动下,人们对文化的消费会有很大的增长,人们对文化的消费的增加主要体现在三个方面:第一,从数量、速度、规模上增加对文化设施的建设;第二,不断拓宽文化领域,将体育、教育、旅游、互联网等也囊括到文化领域中;第三,开拓多元化的渠道,从多个途径满足人们对文化的需求,比如报刊、电影、网络、演出等。很显然,重视文化已经成为社会的一种风气,而文化市场的拓展也使得文化消费成为当前发展的趋势。

由此可见,文化产业会形成一种张力,其会从需求、内容、生产、消费四个层面提高消费者的品位以及审美体验,从而促进旅游业的可持续发展。具体分析如下。

1.需求价值的挖掘

文化产业的发展是以人们的文化需求为基础的,能够挖掘人们的文化需求,并激发人的文化消费。由于人的文化需求与文化素养的提升,所以这对文化消费品的质量以及服务提出了更加严苛的要求,这也就为旅游演艺的发展提供了需求环境。

公众满足文化需求的途径主要有电影、电视、广播、书籍、报刊等,具体如图 5-1 所示,其中演出的占比为 5.3%。要想使人的注意力从物质需求转到文化需求上,对传统的文化传播途径进行调整、升级是一个有效的途径。而旅游演艺正是对演出这一载体的优化升级,满足了游客对文化的需求。

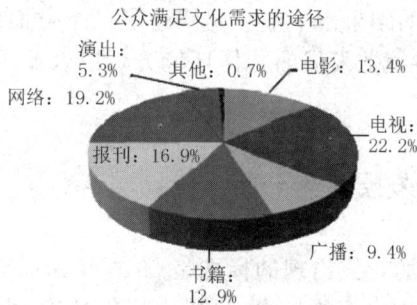

图 5-1　公众满足文化需求的途径[1]

2.内容价值的创造

文化的内容是文化产业的核心,文化的内容承载着唤起社会广泛认同、体现文化张力、扩大国内外文化影响力的使命。因此,应该将文化产业的内容价值作为旅游演艺的灵魂。

[1]　汤蓓华.国内旅游演艺的发展环境分析[D].上海师范大学,2011:23.

大型原生态歌舞《云南印象》就是很好的一个例子。《云南印象》将云南地区的民族语言文化、民族风俗文化、民族宗教文化、民族服饰文化等在融于一体,秉承了将旅游演艺作为文化内容载体的内核,显示了强有力的竞争优势。

3.生产价值的开发

文化产业的特点就是可以随着内容的深入开发,创造出高额的附加值,并通过产业链条的上下联动形成带动效应,不断增加相关产业的附加值。当前文化产业投入和产出比值的增长,也表明文化产品在市场上的竞争力更突出。而且随着旅游演艺资金投入的增多、政策扶持力度的加大,以及社会大环境的改善,都为旅游演艺的发展创造了有利的条件。

4.消费价值的实现

文化产业发展所打开的新市场,促进了文化产品需求量的快速增长,进而促进文化消费的增加。当市场对文化产品的需求量增加时,人们的文化消费也会增加,有了需求,人才会去消费,人的消费力上升了,才能够实现自己的需求。根据如图 5-2 的统计,有近乎一半的公众对文化需求的满意度为一般,这也在一定程度上反映了我国文化产业仍存在很大的发展空间,文化消费的市场仍有待开发。如果旅游演艺能够进一步满足公众的文化需求,那么将会进一步开放市场,创造社会与经济双重效益。

公众对文化需求满意度调查

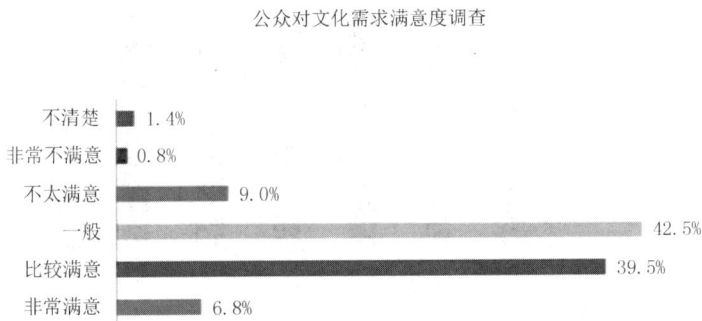

不清楚	1.4%
非常不满意	0.8%
不太满意	9.0%
一般	42.5%
比较满意	39.5%
非常满意	6.8%

图 5-2　公众对文化需求满意度调查[1]

---

[1]　汤蓓华.国内旅游演艺的发展环境分析[D].上海师范大学,2011:23.

（二）旅游产业提供的支撑因素

随着旅游产业的不断完善，旅游业与相关产业的关系也会变得更加紧密。以服务业、文化产业为例，明显可以感觉到随着旅游业的发展，这些产业也得到了较好的发展。如张家界、九寨沟都是通过发展旅游业，吸引了近百亿的投资，使促进了当地经济的快速发展。

旅游产业提供的支撑因素主要有旅游经济循环国际化、旅游社会交往的国际化发展、旅游业与相关产业的融合联动三个，对这三个因素的具体分析如下。

1.旅游经济循环国际化

根据图 5-3 的统计，近年来我国国际游客的数量有了显著的提升，这也使我国的旅游经济出现了循环国际化发展的趋势。我国的旅游业评价持续增长的国际化需求和快速扩张的市场规模为旅游演艺的发展提供了支撑，为了迎合旅游经济循环国际化的趋势，我国的旅游演艺发展要做好以下三个方面的工作。

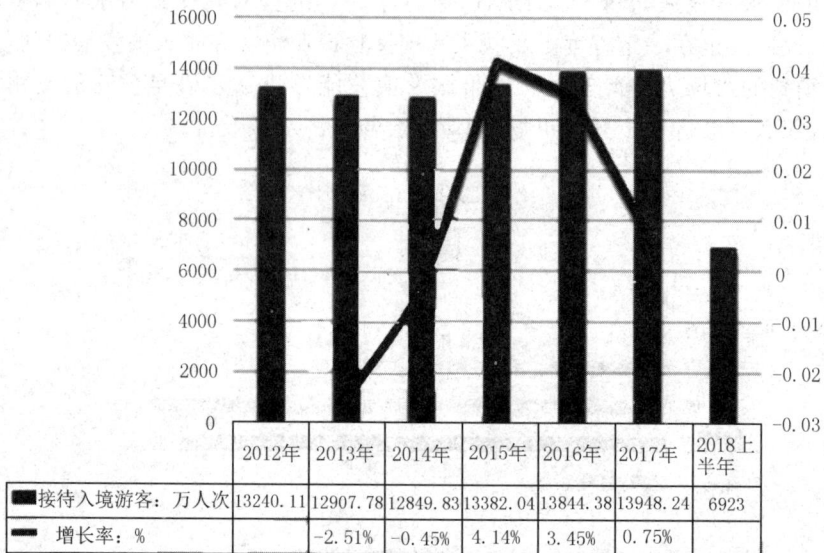

	2012年	2013年	2014年	2015年	2016年	2017年	2018上半年
接待入境游客：万人次	13240.11	12907.78	12849.83	13382.04	13844.38	13948.24	6923
增长率：%		-2.51%	-0.45%	4.14%	3.45%	0.75%	

图 5-3　2012－2018 上半年我国接待入境游客情况 [1]

---

[1]　中国产业信息网.2018 年上半年我国入境旅游人数、分布情况及国际旅游收入情况[DB/OL].http://www.chyxx.com/industry/201809/673455.html,2018－09－04/2020－11－12.

（1）提高信息化程度

旅游经济循环国际化的发展促进了旅游演艺消费等级的提升，这也就要求我们以信息化、网络化、国际化来开发并充实旅游演艺产品，从而提高产品的信息化程度。

（2）构建宣传促销网络

要构建宣传促销网络，搭建一个推广产品的国际知晓的平台，借助国际航空、国际旅行社的影响力来进行宣传，将我国的旅游演艺产品宣传出去，为旅游演艺的发展打开一个全新的渠道。

（3）开拓客源市场

入境游客的上升使旅游演艺有了较为广阔的市场，为了能更好地开拓市场、适应市场，要满足不同国家游客对异地文化的猎奇心理，开发出境外游客喜爱的旅游演艺产品。

2.旅游社会交往的国际化发展

当下，可以通过两个活动，即国际性旅游节庆活动、国际性展会活动，来推动我国旅游业的国际化发展。这两项活动不仅能够为旅游演艺的发展带来机遇，拓展旅游演艺市场，而且能够最大程度地发挥出旅游演艺的参与性、文化性和娱乐性优势。

（1）国际性旅游节庆活动

国际性旅游节庆活动如昆明国际旅游节、上海旅游节等，这些都是成功的、国际性的、文化性的旅游节庆活动，都展示了中国文化的独特魅力。这样的活动不但促进了当地经济的持续发展，并且在丰富公众的文化生活、帮助我国树立良好的国际形象方面发挥着积极的作用。表 5-1 为我国已经成功举办的部分国际性旅游节庆活动。

表 5-1　我国已经成功举办的部分国际性旅游节庆活动

特色节庆活动	特色	主要活动
上海旅游节	节庆内容由组合活动向开发产品转变，邀请了许多国家的表演团体参与，是国内最大的大型旅游节庆活动	花车巡游、花车评比大奖赛、浦江彩船巡游、上海国际音乐烟花节
桂林国际山水文化旅游节	集音乐、戏曲、杂技等多种艺术形式为一体，展现了桂林独特的山水风光和历史文化底蕴	文艺晚会

（2）国际性展会活动

国际性展会活动虽然是以产品推广为目的，但也是文化市场的重要组成成分，可以向国外输送我国的文化和风俗，当下已经成为渲染国内文化资源的一道亮丽风景线。比如世博会、各省的交流会等都是典型的国际性展会活动。下面以世博会为例分析国际性会展活动对演艺活动的借鉴价值。

上海世博会的旅游演艺活动中值得借鉴地方的主要有以下三点。

第一，设置了娱乐演艺活动集聚区。上海世博会为旅游演艺设置了活动集聚区，拓展了旅游演艺的发展空间，实现了资源共享，不仅使游客只需一次出行即可观看多场演出，而且有效提高了旅游演艺的经济效益。

第二，后续利用演艺场馆。在世博会结束之后，上海世博文化中心成为综合的文化旅游消费集聚中心，借助客流量优势与场馆资源优势，来发展商业演出与演艺活动。

第三，实现了演艺活动的区域联动。上海世博会演艺活动的区域联动主要体现在两个方面：一方面是演艺资源的联动，世博会的演艺活动除了在园区进行，也在长三角的其他地区进行，由此实现了长三角地区产业资源、文化资源的联动；另一方面是票务销售的联动，世博会利用现代信息技术来进行票务销售，实现了票务联动、自动化，改善了旅游演艺票务管理问题。

如上海世博会这种国际型展览会，将展会与演出完美地融合在了一起，使两者相互依存，共同进步。根据调查，多数游客认为上海世博会对文化演艺产生较大的影响，因为世博会加强了互动的体验，更好地满足游客的文化需求与精神层面的需求。因此，从传播角度来看，世博会等一系列的国际性展览活动会为旅游演艺事业的发展搭建一个传播平台，对旅游演艺的发展具有重要推动的作用。

3.旅游业与相关产业的融合联动

旅游业不是单一的产业类型，其具有很大的包容空间，可以与其他产业进行联动发展，从而形成融合型的产业链条，实现同步联动和价值增值。

如旅游业与服务业的融合发展能够产生辐射效应，使旅游业与服务业相得益彰、共同发展。具体来说，服务业给予旅游演艺技术上的保障，而旅游业带动了当地的服务业发展。

旅游业与文化产业的融合也能够实现双赢。旅游业以文化产业为底蕴，可以提升旅游产品的文化内涵，旅游业可以将文化产品推广发扬出去，延长文化产品的生命周期，实现我国民俗风情与民间艺术的传承与发展，最终实现文化保护与旅游演艺市场开发的双赢。

二、旅游演艺发展的具体环境分析

影响旅游演艺发展的环境具体内容如图 5-4 所示。

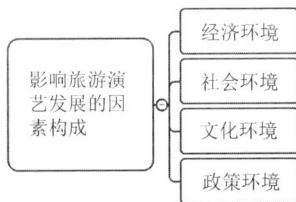

图 5-4　影响旅游演艺发展的环境

(一)当前我国旅游演艺发展的经济环境

就经济环境来看,旅游演艺是奢侈品,其收入弹性特别大,大众的收入情况会对消费量产生较大的影响。从经济学的角度看,当人均 GDP 达到一定的水平之后,人的可支配收入越高,旅游的需求也就越强烈。[1] 根据国家统计局公布的数据(如表 5-2 所示),从 2015 年到 2019 年,我国的居民人均可支配收入持续上升,增速保持在 8% 以上。2015 年,我国的 GDP 总量只有 68.6 万亿元人民币,到了 2019 年,我国的 GDP 总量已经变为了 99 万亿元人民币,平均每年的增速为 5%。由此可以看出,我国的经济形式整体较好,居民的旅游需求也将持续增加,我国旅游演艺发展的经济环境相对优越,这为旅游演艺的全面发展提供了动力支持。

表 5-2　我国 2015 年到 2019 年居民人均可支配收入与增速[2]

年份	居民人均可支配收入(元)	增速
2015	21966	8.9%
2016	23821	8.4%
2017	25974	9.0%
2018	28228	8.7%
2019	30733	8.9%

[1] 熊元斌.朱静.旅游产业发展环境构造分析[J].经济评论,2006(5):72—77.

[2] 李闻.最近五年时间,我国 GDP 平均增速为 6.6%,那人均可支配收入增速呢?[DB/OL].https://kuaibao.qq.com/s/20200522A0K1TP00? refer＝spider,2020－05－22/2020－11－10.

（二）当前我国旅游演艺发展的社会环境

社会环境是旅游演艺发展的软环境，同地区的经济发展状况、就业情况、科技情况等具有密切的关系。

就经济发展情况而言，我国的经济整体上呈上升趋势，发展态势良好，为旅游演艺的发展提供了经济基础。

从就业情况看，我国虽然就业任务严峻，但是当前基本实现了比较充分的就业。2020年初，我国更是提出要做好"六保六稳"工作，将就业放在第一位，采取多种措施解决就业问题。

从科技情况看，当前我国十分重视科技的发展，并提倡将科学技术融入文旅产业中，许多文旅项目也已经开始与科技结合。

（三）当前我国旅游演艺发展的文化环境

文化环境是旅游发展的重要影响因素，很多知名的旅游演艺产品就是基于旅游目的地特有的文化环境取得了成功。

我国历史悠久、民族众多，几千年积淀给留下了丰富的文化资源，不同区域、不同民族各自有着独特的文化魅力。如江苏地区的秦淮文化，上海的海派文化，江南地区的吴越文化、运河文化等，河南的武术文化与中原文化，西藏的原生态文化，西南地区的少数民族文化、节日文化等。这些文化都是值得挖掘的，是旅游演艺创作的文化根源，将这些文化融入旅游演艺中，能够有效提升旅游演艺的竞争力。

（四）当前我国旅游演艺发展的政策环境

政策环境对旅游演艺的发展至关重要。2019年文化和旅游部印发了《关于促进旅游演艺发展的指导意见》，为旅游演艺的发展提供了良好的政策环境。

《关于促进旅游演艺发展的指导意见》对旅游演艺发展的基本原则、主要目标、主要任务以及实施保障措施进行了阐述，具体如下。

1.基本原则

旅游演艺发展的基本原则有四个。

第一，坚持正确的发展方向，既要重视社会效益也要重视经济效益。

第二，坚持统筹协调，不仅要发挥政府在旅游演艺发展中的监管与引导作用，也要发挥市场在资源配置中的作用。

第三,坚持内涵发展,在保护当地环境与资源的基础上,使旅游演艺做好对文化的挖掘工作,突出地域文化特色。

第四,坚持增强群众的文化获得感,完善旅游演艺服务,将广大游客的满意度作为评价旅游演艺的重要标准。

2.主要目标

旅游演艺发展的主要目标是到2025年,旅游演艺市场更加规范,建设一批具有代表性的典型的旅游演艺经营主体,使旅游演艺的产业链更完善,管理与服务体系更加健全。

3.主要任务

旅游演艺发展的主要任务有以下几个。

第一,提升创作水平,通过各种措施与手段来推出具有深刻的思想文化内涵的、艺术精湛的、制作精良的旅游演艺产品。

第二,促进业态模式的创新,鼓励多层次与多元化的供给体系的形成,使用先进的科技手段搭建剧场,支持发展较为成熟的旅游演艺向餐饮、文创、艺术教育等转型。

第三,不断壮大演艺经营的主体,促进旅游演艺经营主体和相关企业的融合,鼓励成熟的旅游演艺经营主体整合旅游演艺项目,鼓励政府采用购买的形式扶持有特色的、有市场前景的经营主体。

第四,开展惠民服务,引导旅游演艺经营主体在节假日开展惠民活动,鼓励革命老区、边疆地区等结合本地的实际情况打造特色旅游演艺产品,鼓励国家全域旅游示范区打造优质旅游演艺项目。

4.实施保障措施

要做好旅游演艺发展的实施保障,需做好以下几个方面的工作。

(1)做好领导组织工作

下级文化和旅游行政部门要将发展旅游演艺作为工作的重点,依据当地的实际情况研究制定适合本地旅游演艺发展的具体政策。

(2)优化政策环境

具体来说,优化政策环境需要各级行政部门要做到以下几点。

第一,在旅游演艺领域营销政府和社会资本合作模式。

第二,引导各类投资机构投资旅游演艺项目。

第三,鼓励通过开展城乡建设用地增减挂钩和工矿废弃地复垦利用,保障旅游演艺项目用地。

（3）强化基础保障

强化基础保障具体要做好以下工作。

第一，依托已有的文化与旅游培训基地来培养旅游演艺所需的人才，同时也要支持学校与旅游演艺主体开展校企合作。

第二，做好演艺旅游的统计工作。

第三，做好旅游演艺安全、服务和管理等方面标准的修订工作。

三、旅游演艺与影响因子的契合度分析

旅游演艺的发展需要天时地利人和，如果经济环境、社会环境、文化环境中有任何一个达不到市场的需求，哪怕是给予再多的资金，旅游产业也无法实现良好的发展。因此，要探究旅游演艺及其影响因子之间的逻辑关系和互动作用，从而有针对性地提高旅游演艺产品和需求、文化、社会之间的契合度，从而使企业有战略性、针对性地根据供给与需求的原则，制定出符合企业发展的策略，来统筹国内旅游演艺业的发展。旅游演艺发展的环境契合因子可以分为如图 5-5 所示的三个层次。对这三个层次的具体分析如下。

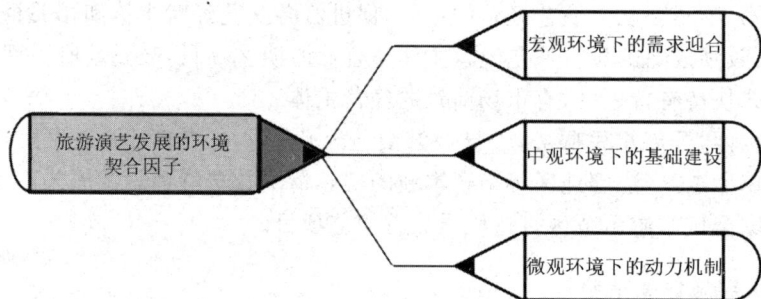

图 5-5　旅游演艺发展的环境契合因子

（一）宏观环境下的需求迎合

近年来，我国的旅游演艺已经逐渐形成良好的发展局面和形势。

从资源层面看，我国已经摆脱了以往只能提供单一的观光产品的情况，开发出了多元化的、创新性的产品，这些产品具有突出的文化性、娱乐性和互动性，可以满足更多游客的需求，顺应市场的发展趋势。

从市场层面来看，旅游演艺符合旅游市场需求的现代特征，因为人们在旅游过程中都喜欢了解当地居民的生活文化，具有猎奇心理，而旅游演艺产品恰好能满足他们相关需求。

(二)中观环境下的基础建设

同国外市场相比,目前我国国内旅游演艺市场还处于发展阶段。但是从产品的层次来看,我国的旅游演艺产品逐渐形成了具有中国特色的市场召唤力和发展潜力。通过挖掘地域文化特色和民俗资源,能够使旅游演艺产品更具文化性与地域性,进而更好地满足游客的求新、求奇心理。

但是这样也有一定的不利之处,比如可能会出现不同景区推出的旅游演艺产品雷同、营销上的无序低价竞争等情况,从而使游客产生"千篇一律"之感,产生审美疲劳,这对于建造牢固的旅游演艺市场环境是极其不利的。

(三)微观环境下的动力机制

构建良好旅游演艺发展环境的重要因素之一就是动力机制。从宏观环境来看,旅游演艺的发展离不开政府政策的支持,只有政策对旅游演艺的发展呈支持态度,并且政府对旅游演艺市场进行宏观调控,才能推动旅游演艺尽快地发展。现如今,政府推出了如《国务院关于加快发展旅游业的意见》《关于促进旅游演艺发展的指导意见》等一系列的政策来支持旅游演艺事业的发展。文化体制的改革为旅游演艺事业去除了长期以来的体制约束,为旅游演艺活动的发展创造了更加良好的市场环境。从演出体制上看,在以往的演出体制中,演艺产业的经营权都归国有演出公司,而且国有演出公司多半都是事业型、供给型、福利型的企业。而如今,随着体制约束的废除,国有演出公司实现了经营权与管理权的分离,并且逐步向企业型、经营型、效益型企业转变,由此形成了演出市场的基础架构,成为旅游演艺市场中的中坚力量。

第二节　完善旅游演艺发展环境的路径

成熟的、良好的发展环境,对旅游业的发展具有重要的作用,要想促进旅游演艺的发展,必须完善旅游演艺的发展环境,本节将具体阐述完善旅游演艺发展环境的路径,重点讨论两个方面的内容,一是构建国内旅游演艺的发展环境,二是国内旅游演艺发展环境的优化对策。

一、构建国内旅游演艺的发展环境

(一)旅游演艺发展环境框架

旅游演艺的发展,会受到多种因素的影响,其中对旅游业影响最大的因素是社会、市场、企业和产品,要构建旅游演艺发展环境框架,需从这四个方面入手。以这四个方面为支撑,构成了如图 5-6 所示的旅游演艺发展环境框架。

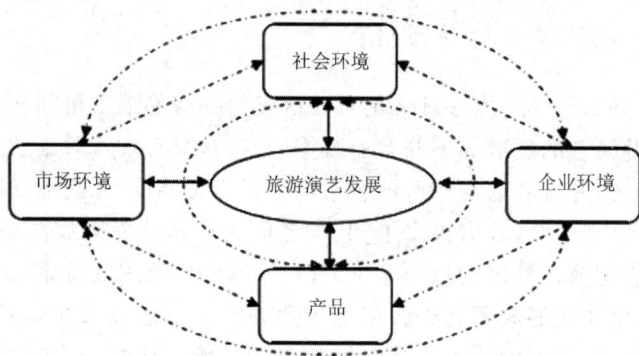

图 5-6   旅游演艺发展环境框架图

图中的实线指四个要素对旅游演艺发展的作用路径,在特定的环境之下,旅游演艺的发展需要这四个方面的支撑。图中的虚线是四个要素之间的作用关系,要营造良好的社会环境,需要市场、产品、企业三者的共同努力;市场环境的营造需要社会、企业、产品三者的协同互助;企业环境受社会、市场与产品的影响;旅游演艺产品的质量受市场、企业、社会因素的影响。

(二)旅游演艺发展环境的作用机制

旅游演艺是旅游演艺发展环境框架的中心,社会环境、企业环境、市场环境与产品这四个要素中的任何一个要素出现了不协调的情况都会影响旅游演艺的健康发展。要想发挥支持要素对旅游演艺发展的促进作用,必须对旅游演艺发展环境框架的作用机制进行分析。旅游演艺发展的宏观环境,包括社会、市场、企业与产品,微观环境是由政府、企业、游客及相关利益结构组成。旅游演艺发展环境框架的作用机制与上述要素息息相关,具体包括两个方面的内容。

1.宏观环境－发展要素－微观环境－游客利益

宏观环境会借助旅游演艺的政策、发展战略等要素影响微观环境,接着借助旅游演艺产品来影响游客的利益。如国家发布的对旅游演艺发展有益的政策,可以使旅游演艺的发展具备一定的优势,进而会促进旅游演艺产品的优化创新,由此旅游演艺产品的内容、价格、形式等也会发生改变,这也就会影响到游客的利益。

2.游客需求－微观环境－发展要素－宏观环境

游客的消费需求会影响整体的消费结构,消费结构的调整,又会影响旅游演艺的组织结构,进而致使旅游演艺的发展结构发生改变。当游客需求发生变化时,政府会制定相应的政策,企业会制定相关的发展战略,从而实现旅游演艺的健康发展,由此促进宏观环境的改变。

二、国内旅游演艺发展环境的优化对策

(一)具体原则

在制定旅游演艺发展环境的优化对策时,需要注意以下原则。

1.循序渐进原则

在制定旅游演艺发展环境的优化对策时,要有长远的眼光,坚持循序渐进的原则,要认识到旅游演艺的发展环境,构建是一个长期的渐进式的过程,在不同的发展阶段,旅游演艺所需的发展环境是不同的,要依据旅游演艺发展环境不同阶段的具体情况来调整对策。

2.坚持特色原则

要对当地的文化资源进行挖掘和筛选,使旅游演艺具有鲜明的文化特色,以提升旅游演艺产品的文化竞争力,避免出现所推出的旅旅游演艺产品模仿痕迹严重、毫无特色等情况。

3.综合发展原则

要充分认识到旅游演艺的发展环境是受多种因素共同影响的,在优化旅游演艺的发展环境时,应综合考虑各方面影响因素,从多个角度改善旅游演艺的发展环境。

4.兼容开发原则

经济全球化与一体化的发展使得国外大型旅游产品大量涌入我国的旅游市场,面对越来越激烈的市场竞争与外来旅游演艺产品的冲击,要秉持开放、兼容并蓄的态度,积极整合国内各种有效的旅游演艺资源,关注国外旅游演艺行业发展的新动态,在保护国内旅游市场的同时以开放的心态接纳国外旅游产品,保护合理竞争。

(二)具体对策

针对当前我国国内旅游演艺发展环境的现状,要实现旅游业演艺环境的优化,需要做好以下几个方面的工作。

1.建立联动机制,提升旅游演艺发展环境适宜度

在上文中已经分析了,旅游演艺发展环境受多方因素影响,要创建合适的发展环境,离不开政府、行业、企业这三个主体。政府发挥主导作用,能够使旅游演艺发展环境内部资源与相关产业实现融合;行业做好监管工作,能够规范旅游演艺市场;企业做好创新,能够使旅游演艺发挥出自身的企业价值,获取经济和社会效益。将政府、行业和企业三者联合起来,形成一个联动机制,能够有效提升旅游演艺发展环境适宜度。"政府、行业、企业"联动机制具体如图 5-7 所示。

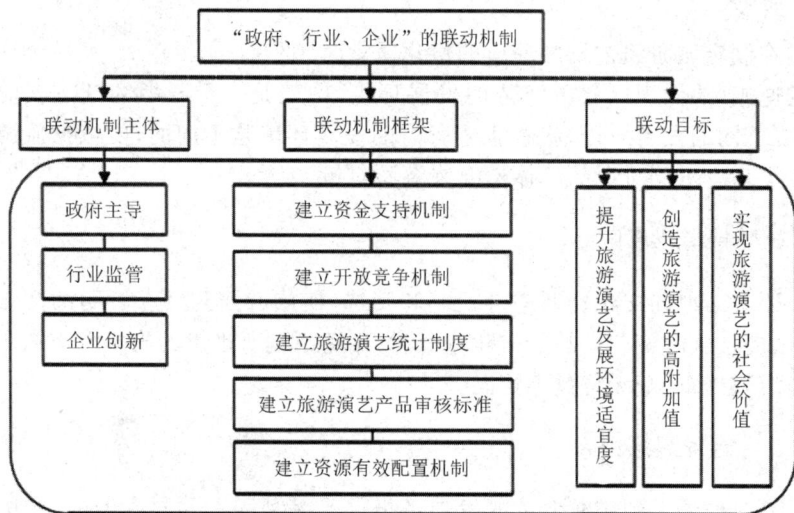

图 5-7 "政府、行业、企业"联动机制

2.进行资源整合,提升旅游演艺发展环境契合度

旅游演艺,产品可以分为三层,分别是核心层、附加层与辐射层,每个层次都包含不同的产品形态和支撑物,具体内容如表5-3所示。

表5-3　旅游演艺产品分布

产品层次	产品形态	具体支撑物
核心层	旅游演艺	传统艺术、音乐、戏剧、杂技等
附加层	旅游纪念品	工艺品、玩具、土特产品等
	旅游出版物	书刊、音像制品等
辐射层	节庆活动	传统民俗等
	展会活动	旅游节、博览会等
	旅游项目	文化体验主题、休闲主题

对旅游演艺产品和各种资源进行整合,可以从文化资源、社会资源和人才资源入手,旅游演艺资源整合效果如图5-8所示。

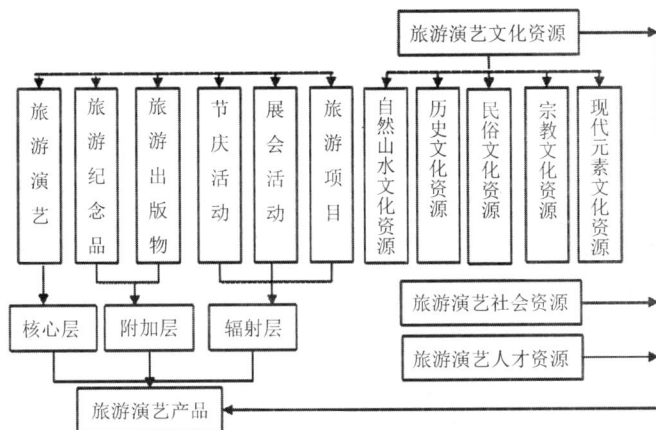

图5-8　旅游演艺资源整合效果

就文化资源整合而言,要不断挖掘整合文化资源,将文化资源融入旅游演艺产品中,发挥出文化品牌效应的价值,从而使旅游演艺发展环境各要素之间形成合力。

就社会资源整合而言,要时刻关注社会的动态发展,寻找最恰当的时机来整合资源与产品和发展环境影响要素之间的环节,对社会资源进行整合,实现旅游演艺和发展环境的互动互融。

就人才资源整合而言,要依据旅游演艺的实际需求来设岗定薪,做好对人才的培养和交流工作,积极引进创作、管理、经营、领军类人才,为人才创设良好的环境。另外企业和高校也可以进行合作,通过校企联合的模式培养优旅游演艺人才。

第六章　文旅融合视角下旅游演艺经典案例分析

"文化＋旅游"的旅游模式是当下旅游市场发展的重要模式和趋势，这种发展模式不仅满足了旅游者寻求文化享受的心理，而且推动了旅游市场以及旅游演艺产品的发展。本章主要基于文旅融合视角，对实景类旅游演艺、主题公园类旅游演艺以及剧场表演类旅游演艺的经典案例进行了详细的分析。

第一节　实景类旅游演艺经典案例分析

实景类旅游演艺是一种以展现旅游目的地的自然风光、传递旅游目的地的历史风情和民俗文化为主要内容，以演艺界、商业界大师为主要创作团队的旅游演艺活动，是我国旅游业向人文旅游、文化旅游过渡的产物。本节主要介绍了八个典型的实景类旅游演艺产品，分别是《印象·刘三姐》《禅宗少林·音乐大典》《长恨歌》《印象·丽江》《西湖之夜》《梦幻漓江》《天门狐仙·新刘海砍樵》《印象·海南岛》。

一、《印象·刘三姐》

（一）案例介绍

《印象·刘三姐》是由张艺谋、樊跃、王潮歌导演，广西桂林广维文华旅游文化产业有限公司推出的，全国第一部"山水实景演出"，图 6-1 为《印象·刘三姐》的宣传照。

图 6-1　《印象·刘三姐》宣传照[1]

作为漓江山水剧场的核心工程,《印象·刘三姐》以山峰和天空为背景,借助歌舞的形式和现代化的科技手段,将广西少数民族的人文风情、漓江渔火等元素进行了创新性的重组与融合,即使游客很好地了解了广西少数民族的民族风情,又诠释了天人合一的理想境界,被称为"与上帝合作之杰作"可谓实至名归。

(二)分析点评

《印象·刘三姐》集广西桂林优美的自然风光、民族文化品牌"刘三姐"、著名导演于一体,融旅游产业与文化产业于一身,借助现代化的科技手段,很好地彰显了产品的艺术魅力与价值。下面主要对《印象·刘三姐》的资本运营、营销策略、演员群体进行分析点评。

1.资本运作

就资本运作而言,《印象·刘三姐》的运营资本主要来自两个方面:其一是政府所给予的 20 万元启动经费;其二是企业通过产业化运作所积累的资本,包括银行贷款、国家扶持资金、品牌无形资产等。这些资本,尤其是后者,对《印象·刘三姐》的发展起了巨大的推动作用。

2.营销策略

就营销策略而言,自《印象·刘三姐》项目成立始,企业就确立了"整体营销"的策略,将旅游产业与文化产业有机捆绑在一起,与各大旅行社展开深度合作,形成利益共同体,最终达到"共赢"的目的。这一营销策略在很大程度上提高了《印象·刘三姐》的社会知名度,为《印象·刘三姐》进入市场、占领市场提供了巨大的动力支持。

---

[1]　图片来源:http://www.meiyachina.cn/index.php/news/read/470.html.

3.演员群体

就演员群体而言,《印象·刘三姐》主要包括两类演员群体,其一是专业的演员,其二是业余演员(主要指附近农村的渔民)。其中,附近的渔民是《印象·刘三姐》的主要演员群体,占总人数的 2/3。在这种演员配置模式下,渔民们白天正常生活、劳作,晚上从事演出工作,不仅有效地保证了演出内容的真实性,而且增加了渔民的经济收入。

(三)成功之处

《印象·刘三姐》的成功之处主要体现在以下几个方面。

1.依托现有资源,挖掘民族文化

实景类旅游演艺的一个重要特点就是需要借助特定的自然风光和地域文化底蕴,这不是任何一个地方都能具有的资源禀赋。《印象·刘三姐》依靠广西桂林天然的秀美风光,借助深入人心的品牌文化"刘三姐"的影响力,在深入挖掘广西少数民族文化魅力的基础上,有效地满足了游客探寻异域文化、寻找刘三姐的心理需求。

2.加深演出内涵,推动艺术创新

《印象·刘三姐》将广西少数民族文化不着痕迹融入自然,使作品处处彰显人与自然和谐相处的美好画面。此外,《印象·刘三姐》还借助高科技手段,如烟雾效果工程、灯光工程等,营造出震慑人心的视听效果,在推动艺术创新的同时,提升了自身的艺术价值与魅力。

3.完善管理模式,形成产业链

完善管理模式也是《印象·刘三姐》成功的一大重要因素。《印象·刘三姐》的运营团队不断根据市场的需求来及时调整管理运营模式,形成了特有的项目产业链(如图 6-2 所示),为《印象·刘三姐》的成功提供了助力。

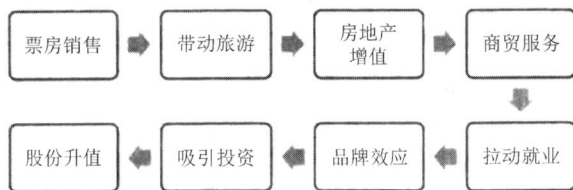

票房销售 ➡ 带动旅游 ➡ 房地产增值 ➡ 商贸服务

股份升值 ⬅ 吸引投资 ⬅ 品牌效应 ⬅ 拉动就业

图 6-2　《印象·刘三姐》的产业链

二、《禅宗少林·音乐大典》

（一）案例介绍

《禅宗少林·音乐大典》是由郑州市天人文化旅游有限公司推出的一款大型文化演出项目，该项目总共分为五个篇章，分别是《水乐·禅境》《木乐·禅定》《风乐·禅武》《光乐·禅悟》《石乐·禅颂》，每一篇章都有自己相应的主题。《禅宗少林·音乐大典》演出规模宏大，音画一体，佛乐禅音直指人心，传递出了佛教文化的绝妙精深，图6-3为《禅宗少林·音乐大典》的宣传照。

图6-3　《禅宗少林·音乐大典》宣传照[1]

（二）分析点评

《禅宗少林·音乐大典》以夜为幕、以山为台，近600人协力演绎出一篇关于佛教文化的动人乐章，加上编钟声、古琴声、滴水声、木鱼声……将观众带入到了一个佛国净土当中。身处这样的音乐盛典中，观众不仅能够深切地感悟禅宗文化的博大精深，而且能够使自己的心灵在佛乐中归于宁静。

《禅宗少林·音乐大典》演出匠心独运、大气磅礴，既有禅意绵绵的画面（如老僧打坐、小僧听经），又有酣畅淋漓的禅武演绎。可以说，每一篇章都融合了山水、禅境的美妙，传递了禅宗文化的精髓，既给观众提供了一个感受佛国仙境的机会，也为他们心灵的净化提供了一个绝佳的场合。可以说，《禅宗少林·音乐大典》正是以其恢宏的场面、强烈的视听觉刺激以及精深的佛乐盛宴闻名全国，当然也受到了外来游客的喜爱。

---

[1]　图片来源：http://news.eastday.com/c/20100419/u1a5157338.html.

（三）成功之处

《禅宗少林·音乐大典》的成功之处主要体现在以下几个方面。

1.依托品牌，推动市场化运营

依托品牌，即依托少林寺建筑及少林寺文化的影响力。2010 年，嵩山少林寺"天地之中"古建筑群申遗成功，极大地提升了嵩山少林寺的社会知名度。《禅宗少林·音乐大典》"借势出招"，推动市场化运营，开启新一轮的市场宣传和推广。

2.专业化营销，拓展市场

《禅宗少林·音乐大典》专业化营销主要体现为其团队借助少林寺品牌及宣传优势，展开全方位的市场营销，通过制作音乐 CD、宣传画册、与各大主流媒体合作等方式，来提高产品的社会知名度和市场影响力，既拓展了市场，又获取了良好的经济效益。

3.扎实的创作班底

扎实的创作班底也是《禅宗少林·音乐大典》取得成功的一个重要因素。可以说，《禅宗少林·音乐大典》的创作班底是极为豪华的，总制作人为著名导演梅帅元、原创音乐及艺术总监为谭盾、舞蹈设计由黄豆豆负责，此外释永信大师担任少林文化顾问、易中天担任禅学顾问。这种豪华的创作班底"配置"，在很大程度上保证了《禅宗少林·音乐大典》的艺术价值与演出水平。

三、《长恨歌》

（一）案例介绍

《长恨歌》（如图 6-4）是由陕西旅游集团推出的一个大型实景历史舞剧。该作品改编自白居易的诗歌《长恨歌》，以舞剧的形式为观众们演绎了一段感天动地的爱情故事。《长恨歌》共包括四个层次十一幕景，融诗歌旁白、自然风景、古典乐舞、高科技手段于一体，既展示了大唐的恢宏气象，也让观众感受到了凄美的爱情与盛唐的文化气息。

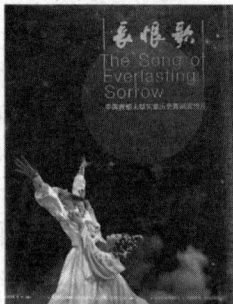

图 6-4 《长恨歌》[1]

《长恨歌》作为我国唯一一部真山真水真历史的户外大型情境舞剧,斥资亿元,阵容强大,以骊山为背景,以九龙湖为舞台,以华清池周边的亭台楼阁等为舞美元素,借助现代化的科技手段,将历史与现实、传统与时尚进行有机的融合,为观众呈现出一部气势恢宏的历史乐章,也成就了旅游演艺市场中的一个艺术典范。

(二)分析点评

作为一部大型的历史舞剧,《长恨歌》在旅游演艺市场中的重要性主要体现为两个"唯一"和三个"首创"。

其一,我国唯一一部真山真水真历史的户外大型情境舞剧。

其二,亚洲旅游演艺唯一采用全天候折叠式全色真彩 LED 软屏。

其三,我国首创立体活动防滑舞台。

其四,我国首创户外演出全隐蔽式设计。

其五,我国首家采用可伸缩座椅。

四、《印象·丽江》

(一)案例介绍

《印象·丽江》是由张艺谋、樊跃、王潮歌三大导演,继《印象·刘三姐》之后推出的又一大型实景演出,宣传海报如图 6-5 所示。该剧是目前世界上海拔最高的大型实景演出类旅游演艺项目,以雪山为演出背景,以当地的民俗风情为载体,以大手笔的写意为手段,将丽江的壮美与少数民族文化的

---

[1] 图片来源:http://book.kongfz.com/214741/759312813.

魅力呈现给了来自世界各地的游客。

《印象·丽江》总共分为上、下两篇。其中，上篇为"雪山印象"，主要阐述了两个方面的内容：其一是生命与自然的紧密关系，其二是人与生活的对话；下篇为"古城印象"，主要阐述的是后人与祖先的对话，在对话中将游客引入到一个神圣的王国——"丽江古城"。

《印象·丽江》的演出特点主要体现在以下几个方面：其一，白天演出；其二，采用非专业演员进行本色出演；其三，服装音乐融入大量民族因素；其四，重点突出当地的民俗风情以及雪山的四季变换。

图 6-5　《印象·丽江》宣传海报[1]

（二）分析点评

《印象·丽江》在旅游演艺市场中的独特性主要体现在三个层面。即艺术价值呈现、演出背景选择、民族文化瑰宝展示，具体分析如下。

1.艺术价值呈现

从艺术价值呈现层面而言，《印象·丽江》可以说是一场盛大的文化盛宴。该剧通过上篇的"雪山印象"与下篇的"古城印象"，将生命与自然、人类与祖先以及少数民族的文化风情，真实地展现在游客面前，让游客在观看的过程中，体悟时间的轮回，感受文化的熏陶。

2.演出背景选择

就演出背景选择层面而言，《印象·丽江》以玉龙雪山为大背景，借助雪山的大气磅礴之势以及奇险秀美之姿，呈现舞台的华美多变，使游客能够在看遍玉龙雪山的千变万化的风情。

---

[1]　图片来源：https://www.guanyinxiang.com/index.php? m＝content＆a＝index＆classid＝101＆id＝51.

3.民族文化瑰宝展示

就民族文化瑰宝展示层面而言,《印象·丽江》为游客们详尽地展示了纳西族的瑰宝——纳西古乐。通过特意穿插纳西族人的纳西古乐表演,《印象·丽江》将这一民族文化瑰宝融入丽江秀美风光的展示中,不仅使游客感受到了原生态风景的秀美,而且了解了古朴神秘的民族文化。

五、《西湖之夜》

(一)案例介绍

《西湖之夜》是杭州市委、市政府在深化落实文化体制改革过程中,所极力推行的一部大型旅游演艺剧目。该剧以发生在西湖的历史故事为背景,以打造、传扬特色地域文化为出发点,以"文化+旅游"为发展模式,详尽地为游客展示了西湖的自然风貌与历史人文风情,图 6-6 为《西湖之夜》的宣传海报。

《西湖之夜》总共分五幕,分别是岳王雄风、南宋盛景、梁祝情缘、东方佛光以及风雅西湖。其中,岳王雄风主要为游客们展示了一代英烈岳飞的浩然正气;南宋盛景主要为游客们再现了宋时临安的山明水秀与人杰地灵;梁祝情缘为游客们呈现了情意绵绵的千古绝唱;东方佛光为游客们展示了"东方佛国"杭州的佛教文化;风雅西湖以"乐"与"茶"的形式为游客们展现了西湖的魅力。可以说每一幕都采用独特的舞台艺术与娱乐表演艺术,将西湖的人文风情与魅力更好地展现给游客。

图 6-6 《西湖之夜》宣传海报[1]

---

[1] 图片来源:http://blog.sina.cn/dpool/blog/ArtRead.php? nid=608851450100d6sd.

（二）分析点评

《西湖之夜》在编导、舞台设计、服装设计等方面都邀请了相关的专家，确保了剧目的艺术价值与魅力呈现。在演出阵容方面，《西湖之夜》的演员基本上全是来自专业剧团的专业演员，保证了演出的专业性。此外，杭州市文化局还极力支持剧团与外国剧团进行合作，借鉴国外的演出风格，使得《西湖之夜》不仅展示了西湖的"风光美"与"文化美"，而且呈现了中外合作的"艺术美"，吸引了来自国内外的众多游客。

《西湖之夜》的出现，形成了"白天游西湖美景，晚上观《西湖之夜》"的旅游模式，有效地弥补了西湖夜间景点相对缺乏的不足，使得来西湖的游客能够充分感受到西湖的魅力。

六、《梦幻漓江》

（一）案例分析

《梦幻漓江》是由中国天创国际演艺制作交流公司推出的一个大型实景类旅游演艺项目，共有四部分组成，分别是"生命与永恒""东方情韵""山水育化""江底奇观"，图 6-7 为《梦幻漓江》的宣传海报。

《梦幻漓江》融芭蕾、杂技表演、漓江自然风光于一体，既让观众欣赏到了融有民族化色彩的芭蕾舞表演，又使他们在古老的杂技表演中看到了现代舞蹈的影子。同时，作为一台山水全景演出的剧目，《梦幻漓江》又使观众欣赏到了漓江山水的独有魅力。

在演出方面，《梦幻漓江》采用全景式舞台与特殊翻扬舞台相结合的演出方式，让观众能够更好地感受精彩的芭蕾与杂技表演。此外，制作方还借助现代化的科技手段，如灯光、音效、道具使用等，给观众以巨大的视听觉冲击，让他们更好地领会芭蕾与杂技的艺术魅力。

图 6-7 《梦幻漓江》宣传海报 [1]

（二）分析点评

《梦幻漓江》自出台以来，一直以其独特的芭蕾与杂技表演，受到游客们的青睐，而为了更好地适应旅游演艺市场的快速发展、满足游客们多方面的需求，制作方也一直在进行剧目的创新，不断提高剧目的艺术品位以及科技含量。同时，制作方也会根据具体的时代需求，确定不同的表演主题，使游客在满足视听觉需求的同时，获得心灵上的熏陶。

《梦幻漓江》极为重视品牌形象的树立，制作方打出"不满意退票"的口号，牢固地俘获了游客们的"芳心"。不管是在作品的设计与呈现，还是在服务提供方面，制作方都付出了巨大的心血，以期以高质量、高水准的表演，在吸引观众的同时，打响自己的"品牌"。实践证明，《梦幻漓江》的这一举措是非常正确的。

七、《天门狐仙·新刘海砍樵》

（一）案例介绍

《天门狐仙·新刘海砍樵》是一部以高山奇峰为背景、以山涧峡谷为舞台的大型实景类旅游演艺产品（音乐歌舞剧），其总导演为梅帅元，音乐艺术总监为谭盾，图 6-8 为《天门狐仙·新刘海砍樵》的宣传海报。

《天门狐仙·新刘海砍樵》改编自湖南长沙花鼓戏《刘海砍樵》，以"人狐之恋"为叙述重点，阐述了一段曲折动人的爱情故事。该剧目总共分为五幕，分别是《狐王选妃》《仙山奇遇》《月夜相思》《恋人隔离》以及《千年守望》，每一幕都有完整的故事情节。

《天门狐仙·新刘海砍樵》最大的特色就是使花草树木、山水鸟兽情感

---

[1] 图片来源：http://dttt.net/item－537824695980.html.

化,将人与自然和谐统一的主题思想表达得淋漓尽致。该剧中,不管是樵夫、猎人、浣衣少女等形象的塑造,还是男耕女织画面的营造,都极为重视细节的刻画,力求以最细腻的人物刻画与最精巧的结构叙述,来使游客们产生一种身临其境之感。

《天门狐仙·新刘海砍樵》采用顶级配置的影像设备、音响、灯光等,呈现出一种绚丽而宏大的视觉效果。同时,将舞蹈、杂技、音乐等艺术元素有机地融合在一起,再加上庞大而专业的演出团队,使游客既欣赏到了精妙绝伦的艺术表演,又满足了自己追求盛大视觉体验的需求,同时还能在观赏动人故事的过程中,使自己的情感得到升华。

图 6-8　《天门狐仙·新刘海砍樵》宣传海报[1]

（二）分析点评

《天门狐仙·新刘海砍樵》是一部将湘西少数民族地方风情与世界文化元素（主要指音乐和舞蹈）有机融合在一起的实景类旅游演艺产品,在山水实景舞台上,借助现代化的高科技手段,将传统的神话故事以音乐歌舞剧的形式展现了出来。可以说,《天门狐仙·新刘海砍樵》不仅是对我国山水实景类旅游演艺产品市场的有益补充,而且是世界音乐歌舞剧的一次巨大创新。

相较于之前的山水实景类旅游演艺产品,《天门狐仙·新刘海砍樵》是一部极具梦幻色彩和浪漫主义情调的旅游演艺产品,融合了神话传说与现代化的艺术元素,既给整部剧蒙上了一层魔幻的色彩,也使游客们在观赏的过程中感受到了别样的情调。

---

[1]　图片来源:https://baijiahao.baidu.com/s? id＝16744706886286688028&wfr＝spider&for＝pc.

八、《印象·海南岛》

（一）案例介绍

《印象·海南岛》是张艺谋、樊跃、王潮歌三大导演继《印象·刘三姐》《印象·丽江》《印象·西湖》之后推出的又一印象实景类演出。该剧目集休闲、浪漫、时尚等元素于一体，借助现代化的艺术形式与表现方式，将海南的海岛风情与地域文化很好地呈献给了游客，使游客在观看剧目的同时，完成了一次新颖的文化体验之旅，图 6-9 为《印象·海南岛》的宣传海报。

相较于之前的"印象"系列作品，《印象·海南岛》更具特色，是三大导演"梦中意象的关于大海的一场演出"[1]。因此，在内容传达方面，《印象·海南岛》不再局限于单纯地展示海南岛的自然风光与文化风情，而是更加重视演出所给予游客们的娱乐体验与参与感；在演出形式方面，《印象·海南岛》借助现代化的科技手段，营造出一种时空交错感，使游客在观看表演的同时，产生一种轻松愉悦的心理感受，获得精神层面的陶冶。

《印象·海南岛》的演出剧场是一个"海胆形"仿生剧场，是为演出专门打造的剧场。该剧场可容纳 1600 人，是目前世界上最大的"海胆形"仿生剧场。在设计方面，该剧场完美地实现了大海与沙滩的融合，在这样的剧场观看演出，游客们既能尽情享受大海所赋予的浪漫畅想，又能捕捉海天交融所给予的视觉快感。

图 6-9 《印象·海南岛》宣传海报[2]

---

［1］ 杨卫武，徐薛艳，刘媛.旅游演艺的理论与实践[M].北京：中国旅游出版社，2013：178.

［2］ 图片来源:https://www.zcool.com.cn/work/ZMTM3NDE2/1.html.

（二）分析点评

《印象·海南岛》虽然没有相对系统或完整的故事情节，但现代化的技术手段，如灯光、音响等，将演员们的表演与舞台美术有机地融合在了一起，以华美的舞台呈现弥补了剧情方面的不足。

在舞美选材以及主题表达方面，制作方充分考虑了当地地域文化与游客们的旅游需求，同时秉承"敢为天下先"的理念，大胆地融传统元素与现代元素于一体，既接纳一切，又吞吐一切，给游客们营造一种极富浪漫气息和神秘色彩的旅游氛围。

在演出内容方面，《印象·海南岛》的制作方不再将目光局限在地域文化的宣传与推广上，而是紧紧抓住游客对大海的向往心理，巧妙安排演出剧目，使游客在欣赏剧目的过程中，寻找到自己心中的大海。

第二节 主题公园类旅游演艺经典案例分析

主题公园类旅游演艺是一种以主题公园为主要演出地点，以娱乐、参与性为重要内容，与主题公园游乐互补的旅游演出活动。此类旅游演艺非常重视游客的参与感和体验感，借助于相应的公园主题，在展示特定文化的同时，给予游客全新的旅游体验。本节主要介绍六个典型的主题公园类旅游演艺产品，分别是《宋城千古情》《灵山吉祥颂》《天禅》《天地浪漫》、吴桥杂技大世界、升堂系列剧。

一、《宋城千古情》

（一）案例介绍

《宋城千古情》是宋城演艺发展股份有限公司推出的大型主题公园类旅游演艺产品，该剧目基于杭州的神话传说、历史典故等原生态文化，融合了现代性歌舞、杂技等艺术表演形式，借助现代科技手段，营造了如梦如幻的意境，给游客们感知宋代文化创造了一个良好的空间氛围。

《宋城千古情》是目前世界范围内演出场次和接待游客最多的大型主题公园类旅游演艺，与法国的"红磨坊"、美国拉斯维加斯"O"秀并成为"世界三大明秀"。

《宋城千古情》总共分为五幕,分别是《良渚之光》《宋宫宴舞》《金戈铁马》《西子传说》《魅力杭州》,每一幕都具有自己的风格与特色,不仅向观众很好地展现了宋城情怀,而且使游客在如梦似幻的意境中感知了宋代文化独有的魅力。图 6-10 为《宋城千古情》宣传海报。

图 6-10　《宋城千古情》宣传海报[1]

（二）分析点评

《宋城千古情》的特色主要体现在三个方面:其一是表现形式,其二是演员选取,其三是市场把握,具体分析如下。

1.表现形式

《宋城千古情》将杭州特有的山水风光、地域文化特色与现代化的科技手段(灯光、音响、舞美等)融合在一起,使两者在"舞台"上相映成趣,从而使游客在游览杭州美景的同时,充分领略《宋城千古情》所含有的文化内蕴。

2.演员选取

《宋城千古情》在演员的选取方面是比较严格的,所聘用的舞蹈、杂技等演员都是通过层层选拔而来的,目的是为了确保演出的专业性。值得一提的是,《宋城千古情》在演员的选择方面除了开展大型的招聘会之外,还与其他高等院校展开合作,确保人才的专业性。

3.市场把握

在市场把握方面,《宋城千古情》的"精明"之处主要体现在以下两个方面。

---

[1]　图片来源:http://max.book118.com/html/2017/0327/97232431.shtm.

其一，《宋城千古情》营销团队摒弃之前所实行的景区门票与演出门票相分离的售票模式，采用"一票制"，即购买门票即可观看演出，这不仅减免了多次购票给游客造成的厌烦情绪，而且增加了景区游览的附加值。

其二，《宋城千古情》的营销团队深入旅游演艺市场，开展调研活动，根据市场的整体发展态势以及游客的具体需求，及时对剧目进行更新与调整，从而很好地保障了该旅游演艺产品在市场中的地位。

（三）成功之处

《宋城千古情》的成功之处主要体现在以下几个方面。

1.特色鲜明，植根沃土

《宋城千古情》最大的特色就是具有浓郁的地方特色和民族风情。该剧目植根于杭州优美的自然风光、浓厚的历史人文风情沃土中，借助现代化的科技手段，以主题公园的形式，再现了宋代的民俗风情。

2.精益求精，不断更新

《宋城千古情》自演出以来，受到了各地游客的喜爱，但制作方并未因此而产生懈怠的心理，而是非常重视对游客意见的收集、关注旅游演艺市场的整体发展态势，并以此为依据对表演剧目进行适时的更新，确保从演出的内容到演出的形式都能够给游客带来全新的体验。

3.科技运用，追求完美

《宋城千古情》虽然重在呈现宋城的历史风情和人文内涵，但在科技方面的投入也是可观的。不管是舞台设计、灯光运用，还是音响设备配置、旋转幕布景选用等，这些现代化科技的运用，使得表演更加完美，能给游客创造一种撼人心魄的美。

4.市场运作，打造品牌

《宋城千古情》的制作方与营销团队深入市场，准确把握市场，采取一种景区与演艺联营、艺术与市场结合的运作模式，打造具有市场竞争力的品牌，在推动旅游演艺产品发展的同时，也为企业自身的发展助力。

二、《灵山吉祥颂》

（一）案例介绍

《灵山吉祥颂》是由著名导演林兆华、著名音乐家何训田、舞美设计大师易力明、佛教文化专家曾力等人强强联手,历时三年创作完成的一部音乐史诗真人情景剧。

《灵山吉祥颂》主要讲述了释迦牟尼历经种种考验,最终觉悟成佛的故事。剧目主要包括如图 6-11 所示的八个章节,每一章节都有自己特定的主题,充分展现了释迦牟尼涅槃成佛的坚毅品格。

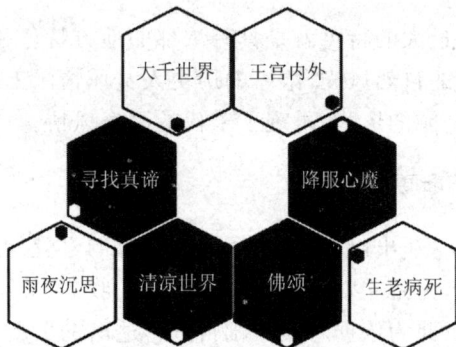

图 6-11 《灵山吉祥颂》八个章节

《灵山吉祥颂》采用"虚实相间"的表演方式,给观众营造一种身处佛教圣地的真实感。所谓"虚",主要体现为《灵山吉祥颂》的整个表演背景采用的是 270°环绕大屏幕,加上特有的灯光道具,使观众产生一种身临其境之感;所谓"实",主要指环绕大屏幕收起后,表演者通过具体的情节表演,来向观众展示释迦牟尼参佛的整个过程。图 6-12 为《灵山吉祥颂》的剧照。

图 6-12 《灵山吉祥颂》剧照 [1]

---

[1] 图片来源:https://baijiahao.baidu.com/s? id = 1675003537221505885&wfr = spider&for=pc.

（二）分析点评

《灵山吉祥颂》借助释迦牟尼顿悟参佛的这一佛教典故，向观众们展示了佛教产生的渊源及史实，同时也展现了佛教普度众生的意愿。作为一部音乐史诗真人情景剧，《灵山吉祥颂》以尊重历史为原则，以再现史实为重点，在呈现给观众一场佛教经典剧目的同时，也向观众展示了佛教所具有的使命感和责任感。值得一提的是，《灵山吉祥颂》的演出，也为佛教文化、思想、艺术等的传播提供了一个良好的平台。

（三）成功之处

《灵山吉祥颂》的成功之处主要体现在以下两个方面。

1.先进的科技设备

《灵山吉祥颂》所采用的投影设备是世界上最先进的，270°环绕大屏幕给观众一种身临其境之感；数字灯光控制系统将剧情的推进与意境的营造结合在一起，为演出增色不少；超大型的旋转舞台为观众全方位的欣赏精彩剧目提供了巨大便利。

2.震撼人心的异域风情

《灵山吉祥颂》的异域风情主要体现在环境音效方面。剧目中两万余种环境声音基本上都取自域外，主要是取自尼泊尔和印度。这些具有异域风情的声音经过二十四轨音效传输，回响在剧场的每一个角落，而由环境音效所形成的心灵震撼也激发了观众一探佛教文化的心绪。

三、《天禅》

（一）案例介绍

《天禅》是东部华侨城投资并推出的一部讲述禅道与生命的史诗剧目，也是一场旨在阐释"禅茶文化"的大型晚会。《天禅》除序幕和尾声之外，共分为三幕，每一幕又可分为三个单元，每一单元都有自己的主题，通过主题的阐述，将观众带入神秘的天禅之境中。图6-13为《天禅》剧照。

《天禅》的第一幕包括《水》《火》《陶》三个单元，主要阐述的是中国茶文化的博大精深。禅茶一体，饮茶即修心，第一幕向观众展示了涅槃的大智慧。

《天禅》的第二幕包括《佛》《舞》《海》三个单元,主要向观众们展示了中国茶文化在世界各地的传播盛况。茶香禅意本无国界,任何人都可以在茶香之中感悟海天佛国所给予世人的灵光与禅意。

《天禅》的第三幕包括《天》《地》《人》三个单元,"天机""地理""人生"共生共融,共同构成了一个邈远深邃而又永恒持久的禅意空间。

图 6-13 《天禅》剧照[1]

《天禅》的制作团队是比较豪华的,"中华第一灯"沙晓岚负责灯光设计、舞美设计师戴延年负责舞美设计、著名服装设计师徐茗负责服装设计、王猛与谷小龙负责作词和作曲、著名音响设计专家宋多多负责音响设计、道具设计师徐世俊负责道具设计、东方歌舞团负责编舞,这些名家、剧团的积极参与,使得《天禅》在特效、舞美、灯光、服装等方面异彩纷呈,吸引了无数观众前来观看,极大地满足了观众的审美需求。

(二)分析点评

《天禅》的特色主要体现在创作技法和演出阵容两个方面,具体分析如下。

1.创作技法

在创作技法方面,《天禅》创作团队采用了多维空间的立体表演技法,将舞台空间中的各个环节联合成一个整体,借助现代化的科技手段,比如舞台机械设备、激光等,在最大程度上拓宽了舞台表演的艺术空间,为观众创造了更好的视听体验环境。

2.演出阵容

在演出阵容方面,为了将中外"禅茶文化"更好地融合在一起,《天禅》团

---

[1] 图片来源:http://www.ju—cheng.com/hycase/2018/0306/271.html.

队除了邀请国内相关专业人士参与创排之外,还聘请了国外创编专家及专业的舞蹈演员。这使得《天禅》的创作理念得到了提升,不仅具备国际视野特色,而且更具专业性和可观赏性。

四、《天地浪漫》

(一)案例分析

《天地浪漫》是深圳世界之窗历时四年推出的一款大型综艺史诗晚会。该剧目以"创新"为制作理念,以"剧的结构、秀的形式"为表演方式,将剧场艺术、舞美艺术、视听科技等融合在一起,为观众打造了一场浪漫又前所未有的艺术盛宴。

《天地浪漫》总共有五幕,第一幕是《尼罗河之恋》、第二幕是《灰姑娘》、第三幕是《巴黎圣母院》、第四幕是《保尔·柯察金》、第五幕是《地久天长》。每一幕都是一个完整的浪漫爱情故事,这些故事发生在不同的国家、不同的历史时期,因此,每一幕在表演风格、服饰、道具等方面,都存在显著的区别,不会给观众造成审美上的疲劳。再加上跌宕的音乐、绚丽的灯光以及炫动的舞姿,使观众在精妙绝伦的视听盛宴中,感受艺术所给予人心的震撼。图6-14 为《天地浪漫》的剧照。

图 6-14　《天地浪漫》剧照[1]

(二)分析点评

《天地浪漫》的特色主要体现在两个层面:其一是表现形式,其二是演出阵容,具体分析如下。

---

[1]　图片来源:https://www.poco.cn/works/detail_id2043290.

1.表现形式

表现形式的多元化是《天地浪漫》的一大看点。不同于世界之窗之前大型晚会,《天地浪漫》将舞蹈与其他艺术元素进行了有机融合,比如轮滑、杂技、魔术等,这样的融合使得艺术的魅力得以更好的展现。此外,《天地浪漫》还将时装秀、音乐剧等艺术形式,巧妙地穿插在晚会中,同时增加与观众互动表演的机会,在丰富表演内容和形式的同时,让观众真正地"走入"故事,切实地感受故事体现的浪漫风情。

2.演出阵容

演出阵容的强大也是《天地浪漫》的一个重要看点。《天地浪漫》的专业演员有三百余人(包括国内和国外)、幕后工作者也超过了两百人,创编团队成员除了国内顶级专家之外,还包括外聘的数名专业人士。这不仅有效地保障了演出的专业性,而且使得表演具有了国际性特色。

五、吴桥杂技大世界

(一)案例介绍

吴桥杂技大世界位于我国著名的杂技之乡——吴桥县,其是一个以展现杂技艺术魅力为重点的主题公园,集表演、娱乐、餐饮等诸多功能于一体。在吴桥杂技大世界,观众不仅能够欣赏到来自世界各地的杂技节目,而且能够切实地感受到吴桥的"艺乡风情"与民俗精粹,图 6-15 为吴桥杂技大世界演出的部分剧目剧照。

吴桥杂技大世界作为"杂技之乡",为杂技这一文化遗产的历史再现提供了一个非常有利的地域空间,其主要景点包括以下几种:吴桥杂技博物馆、江湖文化城、马戏游乐园、魔术迷幻宫、滑稽动物园、红牡丹剧场等,这些景点与杂技表演交相辉映,增添了吴桥杂技大世界的艺术魅力。

图 6-15　吴桥杂技大世界部分演出剧目剧照[1]

（二）分析点评

吴桥杂技大世界的特色主要体现在以下两个方面。

1.兼容性

兼容性主要体现为吴桥杂技大世界以开放的姿态，接纳各地杂技表演的艺术特色，并有效地将各地的杂技表演与当地的杂技表演融合在一起，呈现出大众化与独特性兼顾的艺术特色。

2.创新性

创新性主要指吴桥杂技大世界并不满足于过去以及当下所取得的成绩，而是在原有成就的基础上继续推陈出新，根据旅游演艺市场的发展态势、观众的旅游需求等，进行艺术创新。比如进一步将杂技表演与歌舞表演进行深度的融合，体现演出的情节性与魔幻性；同时，吴桥杂技大世界还借助现代科技手段来创排节目，以更好地满足观众猎奇及追求刺激的心理。

六、升堂系列剧

（一）案例介绍

升堂系列剧是平遥古城县衙博物馆推出的系列剧目。到目前为止，平遥古城县衙博物馆已推出十多种剧目，比如《巧断盗银案》《惩处刘衙内》《明辨是非》《逆子回头记》《公断退婚案》《金锁链》等。这些剧目既具有较强的教育性，又含有浓厚的趣味性，使得观众能够在观看幽默诙谐的表演的过程

---

[1]　图片来源：http://www.wqzjdsj.com/.

中,受到一定的教育。

（二）分析点评

升堂系列剧的特色主要体现在两个方面。

其一,剧目具有浓郁的幽默色彩。创编者在创编的过程中,在台词中加入了很多现代性词汇,表演者以"古时"身份,戏谑地说出"现代性"词汇,引得观众捧腹大笑。

其二,剧目具有较强的思想性。升堂系列剧主要是通过故事来向观众传递一定的思想内容,使观众在观赏中能够受到一定的教育。

第三节　剧场表演类旅游演艺经典案例分析

剧场表演类旅游演艺是一种在特定城市、专用剧场内进行相关表演的旅游演出活动。此类旅游演艺往往具有较强的专业性,包括表演的专业性、技术运用的专业性等,能够给观众带来相对刺激的视听觉体验和心灵震撼。本节主要介绍了七个典型的剧场表演类旅游演艺产品,分别是《时空之旅》、北京梨园剧场京剧演出、《魔幻传奇Ⅱ》《云南映象》《蜀风雅韵》《丽水金沙》《孔子》。

一、《时空之旅》

（一）案例介绍

《时空之旅》是一部综合型的剧场表演类旅游演艺产品,该产品融杂技、音乐、戏剧等艺术元素于一体,并借助现代化的科技手段,将中国元素推向了世界。可以说,在《时空之旅》中,我们能够看到数字舞台、原创音乐、传统杂技、电子投影等众多带有传统色彩和现代化元素的艺术表演和设施设备,借助这些元素,观众们既能享受到精妙绝伦的艺术表演,又能获得强烈视觉冲击所带来的心灵震撼。

《时空之旅》被称为"中国娱乐第一秀",其看点主要有八个,分别是"梦幻之境""时空秀水""碧波轻舟""千古绝顶""生命之轮""天籁之音""时空之恋"以及"时空穿梭",图 6-16 为《时空之旅》的宣传海报。

　　就创作理念而言,《时空之旅》创排之初,制作方就秉持着打造一部可全年演出的中国马戏秀理念,从根本上改变剧场类旅游演艺产品表演周期过短的局限。为了使这一理念尽快达成,上海时空之旅文化发展有限公司[1]深入市场,全面调研(调研时长近一年),之后花了五个月的时间来创排剧目。实践证明,上海时空之旅文化发展有限公司基于这一理念所付诸的行动是正确的,所取得的成就有目共睹。

　　就文化呈现而言,《时空之旅》坚持"兼容并蓄"原则,在艺术创新的同时,大胆实行"拿来主义",积极借鉴国外艺术表演的先进元素,实现了文化的"无障碍"交流。同时,在整个剧目中,不管是剧目的表演安排,还是演员与观众的互动,可以说始终贯穿着"以人为本"的理念,观众的审美体验能够在观赏的过程中得以充分的实现。

图 6- 4　《时空之旅》宣传海报[2]

（二）分析点评

　　《时空之旅》基于自己的创作理念与文化呈现,通过融合国际化的现代艺术元素与演出手法的方式,将"中国元素"或者说"中国符号"很好地推向了世界的舞台。同时,其所形成的品牌效应,在吸引来自世界各地游客的同时,也为企业及产品自身的发展壮大提供了有利的条件。

　　此外,《时空之旅》以地方文化与民族文化为元素,借助现代化的科技手段,以时空交互的方式,使观众在观看表演的过程中,领悟中华文化的辉煌历史与灿烂明天。同时,高科技的运用也使整个表演呈现出一种魔幻的色彩,很好地满足了游客们的猎奇心理。

---

[1]　上海时空之旅文化发展有限公司由上海文广新闻传媒集团、中国对外文化集团公司、上海杂技团联合组成.

[2]　图片来源:http://www.xiawu.com/tagss/%C9%CF%BA%A3%C2%ED%CF%B7%B3%C7%CA%B1%BF%D5%D6%AE%C2%C3.

（三）成功之处

《时空之旅》的成功之处主要表现艺术创作、管理机制、市场营销三个方面，具体分析如下。

1.艺术创作

就艺术创作而言，《时空之旅》的成功之处主要体现在三个方面：其一，秉持创新理念，积极引进国外先进的表演艺术，并与中国艺术表演元素有机融合，完成"中国式"改造；其二，邀请国外创作团队参与剧目的创排，在采用国际创排理念与方法的同时，重视中国元素的彰显；其三，艺术创作重视人与自然和谐关系的体现。

2.管理机制

就管理机制而言，上海时空之旅文化发展有限公司借鉴工商企业经营管理的方式，来管理《时空之旅》所关涉的一切事物。具体来说，三家共同出资、共同管理的方式，不仅在很大程度上有效避免了一家独大造成的管理失衡局面，而且能够借助群策群力的优势推动产品更好地走向市场、占领市场。

3.市场营销

就市场营销而言，《时空之旅》基于国内外旅游演艺市场的具体情况，制定了不同的营销方案。同时，制作方借助现代化的互联网技术，开通线上售票服务，为游客提供了更为便捷的购票服务。此外，制作方还积极与国内外的旅行社开展合作，借助旅行社的平台优势来实现产品的宣传与推广。

二、北京梨园剧场京剧演出

（一）案例介绍

北京梨园剧场是一个茶座式的剧场，由前门饭店和北京京剧院联合创办，自 1990 年开业以来，至今已走过三十余个春秋。这一剧场以传递京剧文化、让京剧走向世界大舞台为目标，实现我们"国粹"的薪火相传。

北京梨园剧场除了大年三十之外，每天华灯初上，京戏准时上演。来自世界各地的游客，不仅可以在这里听原汁原味儿的京戏，感受最纯真的"老北京"生活,而且可以与京戏演员们互动、合影,甚至可以亲身尝试勾脸谱、穿戏服,满足自身亲近"国粹"的心理需求。图 6-17 为北京梨园剧场京剧表演宣传海报。

图 6-17　北京梨园剧场京剧表演宣传海报[1]

(二)分析点评

北京梨园剧场推出的剧目比较丰富,包括文戏、武戏、猴戏等,观赏性都比较强,这使得"老牌粉丝"和"新晋戏迷"都为之倾倒。在这里,观众不仅可以品国粹,还可以品名茶、品风味小吃。此外,在演出的过程中,剧场还特意设置了中英文同步字幕,从而使中外游客都能够很好地品赏我们的国粹。

北京梨园剧场所推出的剧目都是精挑细选的,比较有代表性的剧目有《十八罗汉斗悟空》《霸王别姬》《拾玉镯》《盗库银》《天女散花》等,在这些剧目中,生旦净末丑演绎了人生百态,观众也能够从中获得感悟。此外,剧场所提供的演员与观众的互动,也为观众亲近国粹、感悟国粹创造了一个良好的条件。

(三)成功之处

北京梨园剧场京剧演出的成功之处主要体现在三个层面:其一是创新思路,改革模式;其二是传承经典,创新精品;其三是人才众多,流派纷呈。具体分析如下。

1.创新思路,改革模式

北京梨园剧场诞生之初主要是面向国内观众,甚至可以说主要是面向北京群众。但随着社会经济的快速发展,这一经营思路显然无法维持剧场的正常生存,于是北京梨园剧场决定走向市场,实行优胜劣汰。这种将"命

---

[1]　图片来源:http://www.piao88.com/ticket/19.html.

运"交给市场的经营模式,极大地激发了北京梨园剧场的危机感,其开始进行深入的市场调查,并根据调查的结果制定相应的营销策略和战略。实践证明,北京梨园剧场通过创新思路、改革模式,确实推动了剧场的发展,也很好地将国粹传承开来。

2.传承经典,创新精品

传承经典,主要体现为北京梨园剧场将四大名旦、五大流派等前辈大师们精心打造的剧目很好地传承了下来;创新精品,即北京梨园剧场根据京剧自身的艺术特色以及市场的需求,不断革新,通过创新精品来推动京剧的进步、剧场的发展。

3.人才众多,流派纷呈

人才众多、流派纷呈既是北京梨园剧场成功的重要原因,也是其成功的重要体现。对于京剧艺术的传承与可持续发展来说,人才是核心,三十余年的发展,使剧院汇聚了众多的流派,如"梅派""程派""尚派""荀派"等,大师传艺、新人担当,共同为京剧艺术的发展提供了巨大的助力。

三、《魔幻传奇Ⅱ》

（一）案例介绍

《魔幻传奇Ⅱ》是长隆国际大马戏继《魔幻传奇》之后,又强力推出的一部更惊艳、更传奇的旅游演艺产品,图 6-18 为《魔幻传奇Ⅱ》的宣传海报。

《魔幻传奇Ⅱ》不仅合理继承了《魔幻传奇》奇幻迷人的风格,而且引进了欧洲、美洲、非洲等地的顶级精品节目。此外,《魔幻传奇Ⅱ》还将传统的杂技表演艺术与唯美的现代艺术有机地融合起来,在凸显惊艳的同时,也使得传奇主题深入人心。

《魔幻传奇Ⅱ》拥有世界最大的森林实景式大舞台,而且舞台的设置也突破了传统舞台的局限,以多中心、多视点为设计原则,采用"旋转式""敞开式""推拉式""镜框式""马圈式"五种舞台模式,力求使观众能够全方位、多视角欣赏传奇表演。

《魔幻传奇Ⅱ》的特色主要体现在两个方面:其一是剧情的衔接极为流畅,不同剧目之间,通过剧情方面的联系,很好地实现了融合,避免使观众产生"生硬"感;其二是特技效果运用自如,制作方通过有效地将特技与马术、杂技、歌舞等的合理融合,使观众的情绪在无意中被带入表演节目中,在给观众造成强烈视觉冲击的同时,也使观众的心灵受到震撼。

图 6-18　《魔幻传奇Ⅱ》宣传海报[1]

(二)分析点评

1.演出阵容

就演出阵容而言,《魔幻传奇Ⅱ》的阵容是全球空前的,有来自 20 多个国家 300 余名中外职业演员,还包括数千只种类多样的动物。

2.演出节目

就演出节目而言,《魔幻传奇Ⅱ》所表演的节目都是精挑细选的,除了我们国家经典的表演节目外,还包括其他洲际的精品节目,比如非洲的《千幻魅影》、欧洲的《仙境精灵》、美洲的《环球飞车》等。异彩纷呈的精品节目,使得前来观看的游客,切实感受到了顶级马戏的魅力。

3.舞台效果

就舞台效果而言,《魔幻传奇Ⅱ》斥资过千万,顶级舞美设备与立体音效,使整个表演处于一个精彩绝伦的梦幻场景中,为观众风带来一场超远时空、超越感官的视听盛宴。

四、《云南映象》

(一)案例介绍

《云南映象》不仅是一部大型原生态歌舞集,也是一部融合了传统与现代艺术的经典旅游演艺产品。该剧目将云南原始乡村歌舞的精髓融进了民族舞中,在展现原生态文化的同时,也为我们呈现了云南浓郁的民族风情。

---

[1]　图片来源:http://www.mafengwo.cn/sales/370695.html? mdd=14674.

《云南映象》是我国首例从"高原村寨"走向"世界"的大型剧场表演类旅游演艺节目,该节目从设计、包装到营销、推广,都由剧团亲自出手,这样不仅有助于更好地展现原生态的民族文化,而且为中国舞蹈艺术走向国际提供了一种崭新的运作模式。

《云南映象》的总编导、艺术总监以及主演都是我国著名的舞蹈艺术家杨丽萍,音乐总监是著名音乐制作人三宝,他们两人的强强联合增添了作品的艺术魅力与价值。《云南映象》除序(《混沌初开》)与尾声(《雀之灵》)之外,共包括五个场次,依次为《太阳》《土地》《家园》《火祭》《朝圣》,图 6-19 为《云南映象》的宣传海报。

图 6-19   《云南映象》宣传海报[1]

(二)分析点评

1.演员构成

就演员构成而言,《云南映象》的演出人员超过七成是来自云南各村寨的、没有经过专业舞蹈训练的少数民族群众。在杨丽萍看来,这些少数民族的业余演员虽然没有接受过专业的舞蹈训练,但他们体内有最原始的舞蹈基因,启用这些演员不仅能够保证表演的"民间的味道",而且能够确保歌舞充满最原始的生命张力和勃发精神。

2.舞蹈编排

就舞蹈编排而言,《云南映象》将云南原始乡村歌舞的精髓与民族舞蹈艺术进行了重构,比如在肢体动作中加入苗族、哈尼族、彝族等少数民族的舞蹈元素,通过再现原始少数民族舞蹈的精髓,来展现少数民族民众对生命的歌颂以及对自然的热爱。

---

[1]   图片来源:https://www.sohu.com/a/323739028_753250.

3.舞美设计

就舞美设计而言,为了使原始的舞蹈精髓能够与现代化的舞台艺术完美融合,《云南映象》以"均衡布局"为原则,既重视对生活原态的重现,比如传统服饰、特色面具、玛尼石、转经筒等的舞台再现,又重视现代化技术手段的应用,比如舞台升降装置、灯光等的运用。正是借助这种舞美设计,《云南映象》实现了传统艺术与现代艺术的完美结合,使观众在亦真亦幻的舞台表演中,感受时空错位所带来的艺术魅力。

五、《蜀风雅韵》

（一）案例介绍

《蜀风雅韵》是"蜀风雅韵"剧团推出的精品节目,深受各地观众的喜爱,他们往往不远千里前往巴蜀,以观独具特色的"西蜀文明"——巴蜀曲艺。图 6-20 为《蜀风雅韵》的宣传海报。

《蜀风雅韵》以再现巴蜀曲艺、复兴巴蜀文化为重要目标,力争使散落在民间的曲艺文化重现茶馆,让身怀绝技的名家艺人重回民间。

《蜀风雅韵》所包括的节目主要有以下几种:川剧锣鼓《闹台》、川剧板子戏《滚灯》、杖头木偶、卡戏、手影戏、蜀韵节奏、变脸、变衣、吐火。

图 6-20　《蜀风雅韵》宣传海报[1]

（二）分析点评

《蜀风雅韵》以川剧为底蕴,融入现代化的艺术元素,具体内容涵盖三国文化及巴蜀民间绝活,最惹人注目的当属变脸、吐火和滚灯。其中,吐火更

---

[1]　图片来源:http://blog.sina.com.cn/s/blog_75eae83601014eiu.html.

是绝中之绝,表演者以燃着物置于口中,喷吐火苗,以火龙之势变幻出令人震惊的烈火烟形,如图 6-21 所示。

图 6-21　吐火图示[1]

此外,在戏曲方面,《蜀风雅韵》不仅重现了川剧高腔的独特魅力,而且对川剧帮腔进行了融合和重构,加上浓郁的地方语言特色,使得表演既具生活气息和地方特色,又意味隽永、引人入胜。

六、《丽水金沙》

(一)案例介绍

《丽水金沙》是一部大型民族舞蹈诗画剧目。该剧目以"舞蹈诗画"的形式,向观众们展示了丽江的奇山异水以及浓郁的滇西北高原民族文化气象。《丽水金沙》的总导演是周培武、作曲是吴毅、舞美与灯光设计是鞠毅,他们强强联合,使得《丽水金沙》成为丽江古城的一大"名剧",深受各地游客的喜爱。图 6-22 为《丽水金沙》的宣传照。

《丽水金沙》分为四场,分别是"序""水""山""情",具体分析如下。

1．"序"

开篇便将观众置于带有浓厚古老韵味的历史背景下,在这一背景中,观众不仅能够切实地看到世界上仅存的象形文字——东巴文字,而且能够看到滇西北高原民族的发展历史。

2．"水"

这一场主要通过意境的创造,使观众在"水"的世界里感知生命的宁静

[1]　图片来源:http://blog.sina.com.cn/s/blog_9d043c290102x423.html.

与和谐。在这里水已经不是单纯的自然之物，它是大地的乳汁、流动的月光，也是富有生气的年轻少女，其代表的是心灵的宁静，是时间的永恒，也是生命的生生不息。

3."山"

这一场主要是通过民族风俗的呈现，来向观众展示滇西北高原民族的风采以及山的文化内蕴。民族风俗主要包括花傈僳族的"赶猪调"、彝族的"火把节"、藏族的"织氆氇"、纳西族的"棒棒会"等。

在这里，山也不再是单纯的自然之物，它是大地的脊梁、燃烧的太阳，也是人类生存的希望，其代表的是滇西北高原民族民众豪放率真的性情和蓬勃持久的生命力。

4."情"

这一场主要向观众展现了丽江特有的婚恋文化——夜访晨归的阿夏走婚习俗。"情"是人类无法割舍的东西，只要生命存在，就永远有"情感"的影子，在这一场，伴随着悠长的心曲，表演者以饱含深情的舞蹈，向观众们传达了缠绵悱恻的情感，不仅使观众了解了丽江婚恋文化的独有魅力，而且使他们得到的情感上的升华与心灵层面的震撼。

图 6-22　《丽水金沙》宣传照[1]

(二)分析点评

《丽水金沙》的特色主要体现在两个方面:其一是民族魅力的呈现，其二是完美舞台效果的呈现，具体分析如下。

---

[1]　图片来源:https://baike.baidu.com/item/%E4%B8%BD%E6%B0%B4%E9%87%91%E6%B2%99/7607123.

1.民族魅力的呈现

不管是舞蹈语言、音乐曲调的选择，还是民族服饰、舞蹈场面的呈现，《丽水金沙》都具有浓郁地域色彩，充分展现了滇西北高原民族独有的魅力。这种魅力不仅增加了舞台表演的震撼力，而且给予了观众深刻的内心冲击力。

2.完美舞台效果的呈现

丽江雪山旅游演艺公司为了使《丽水金沙》的舞台效果得以完美呈现，不仅邀请专门的剧院来设计舞美布景，而且聘请专门的服装设计师来制作富有民族特色的服饰。此外，该公司还斥巨资购置了一批一流的演出设备，比如电脑变色灯、换色器等。这些都使得《丽水金沙》的舞台效果得以完美呈现。

七、《孔子》

（一）案例介绍

《孔子》是由山东曲阜文化产业园组织创作的一部大型历史舞剧。该舞剧由六个章节构成，分别是《序·问》《乱世》《绝粮》《大同》《仁殇》以及《尾声·乐》，六个章节全景式地再现了孔子艰辛而又卓越的一生，图6-23为《孔子》的宣传照。

《孔子》的一大特色是融现代科技于传统的艺术表现形式当中，借助水幕、雾幕等高科技手段，创造一种宏大的表演空间，使观众在观看的过程中，既能享受到表演所给予的视听觉享受，又能获得心灵的冲击与震撼。

图 6-23　《孔子》宣传照[1]

（二）分析点评

《孔子》是我国第一部以宣传孔子、展示儒家文化为主题的旅游演艺产品。为了能够更好地彰显孔子的伟岸形象，《孔子》的创作团队在舞蹈的编排、技术手段的运用等方面投入很多，最终受到游客与专家的一致好评。

《孔子》作为曲阜的代表旅游演艺产品，不仅很好地展现了"鲁"地文化，而且提高了当地的知名度。借助已经形成的品牌优势，当地旅游部门积极创新，打造全新的旅游演艺项目，即将《孔子》与"三孔""尼山圣境"打造成交相呼应的亮点旅游项目。

---

[1]　图片来源：https://www.sohu.com/a/245953750_556618.

参考文献

[1]杨福泉.旅游融合发展:旅游产业与文化产业[M].北京:中国环境出版社,2016.

[2]黄晓辉,刘玉恒,刘小波.文旅融合:以诗照亮远方[M].北京:中国建筑工业出版社,2018.

[3]李小建,李国平,曾刚等.经济地理学[M].北京:高等教育出版社,2006.

[4]毕剑.基于空间视角的中国旅游演艺发展研究[M].北京:中国经济出版社,2017.

[5]迈克尔·波特.国家竞争优势[M].北京:中信出版社,2007:182.

[6]张国洪.中国文化旅游——理论·战略·实践[M].天津:南开大学出版社,2001.

[7]王缉慈.创新的空间——企业集群与区域发展[M].北京:北京大学出版社,2001.

[8]王建刚.狂欢诗学——巴赫金文学思想研究[M].上海学林出版社,2001.

[9]曾菊新.空间经济:系统与结构[M].武汉:武汉出版社,1996.

[10]刘振礼,王兵.新编中国旅游地理[M].天津:南开大学出版社,2011.

[11]王恩涌,赵荣,张小林等.人文地理学[M].北京:高等教育出版社,2000.

[12]袁纯清.共生理论——兼论小型经济[M].北京:经济科学出版社,1998.

[13]杨欢.凡事总关月:中国旅游演艺导演第一人黄巧灵与"千古情"系列[M].北京:中国戏剧出版社,2013.

[14]覃成林,金学良,冯天才等.区域经济空间组织原理[M].武汉:湖北教育出版社,1996.

[15]王先庆.产业扩张[M].广州:广东经济出版社,1998.

[16]保继刚,楚义芳.旅游地理学[M].北京:高等教育出版社,1999.

[17]叶志良.文旅融合时代的国内旅游演艺研究[M].北京:中国旅游出版社,2019.

[18]王文章.非物质文化遗产概论[M].北京:文化艺术出版社,2006.

[19]魏小安,曾博伟.中国旅游风云四十年对话录[M].北京:中国旅游出版社,2018.

[20]林峰.特色小镇孵化器:特色小镇全产业链全程服务解决方案[M].北京:中国旅游出版社,2017.

[21]邓爱民,林橙林等.全域旅游:理论·方法·实践[M].北京:南开大学出版社,2008.

[22]刘为民.文化与旅游融合发展报告[M].济南:山东大学出版社,2011.

[23]党宁.休闲时代的城市游憩空间 Re(BAC)研究[M].上海:上海世纪出版集团,2011.

[24]罗艳菊.游客体验研究[M].北京:旅游教育出版社,2010.

[25]王淑良.中国旅游史[M].北京:旅游教育出版社,2009.

[26]叶朗.美学原理[M].北京:北京大学出版社,2009.

[27]刘彦顺.时间性——美学关键词研究[M].北京:人民出版社,2013.

[28]贾英健.全球化背景下的民族国家研究[M].北京:中国社会科学出版社,2005.

[29]童强.空间哲学[M].北京:北京大学出版社,2011.

[30]吴昊.城市公共艺术[M].北京:人民美术出版社,2012.

[31]张鸿雁.城市文化资本论[M].南京:东南大学出版社,2010.

[32]彭兆荣.人类学仪式的理论与实践[M].北京:民族出版社,2007.

[33]周宪.视觉文化的转向[M].北京:北京大学出版社,2010.

[34]刘守华,陈建宪.民间文学教程[M].武汉:华中师范大学出版社,2009.

[35]包亚明.现代性与空间的生产[M].上海:上海教育出版社,2003.

[36]杜兰晓.大学生国家认同研究[M].北京:中国社会科学出版社,2018.

[37]陈华文.文化学概论[M].上海:上海文艺出版社,2001.

[38]徐金龙.从资源到资本——民间文学与国产动漫的整合创新研究[M].武汉:华中师范大学出版社,2013.

[39]黄巧灵.麒麟才子说策划——中国主题公园活动策划宝典[M].北京:中国旅游出版社,2016.

[40]黄巧灵.一个王朝的故事——宋城千古情[M].北京:中国戏剧出版社,2017.

[41]黄巧灵.狂歌走天涯——三亚千古情[M].北京:中国戏剧出版社,2018.

[42]黄巧灵.寻找香巴拉——丽江千古情[M].北京:中国戏剧出版社,2017.

[43]杨卫武,徐薛艳,刘塬.旅游演艺的理论与实践[M].北京:中国旅游出版社,2013.

[44]邹统纤.中国大型实景演出发展理论与实践[M].北京:旅游教育出版社,2016.

[45]王欣.中国旅游文化演艺发展研究[M].北京:旅游教育出版社,2017.

[46]朱江勇,陆栋梁.旅游表演学[M].天津:南开大学出版社.2015.

[47]黄炜.旅游演艺业态创新驱动因素的扎根研究[M].成都:西南交通大学出版社,2015.

[48]袁瑾.媒介景观与城市文化[M].北京:中央编译出版社,2012.

[49]魏美仙.生活与舞台的互文——云南沐村旅游展演艺术的个案研究[M].昆明:云南大学出版社,2009.

[50]李小牧等.中国演艺院团改革发展现实与出路[M].北京:社会科学文献出版社 2018.

[51]濮波.全球化时代的空间表演[M].北京:北京大学出版社,2015.

[52]濮波.社会剧场化:全球化时代社会、空间、表演、人的状态[M].南京:东南大学出版社.2015.

[53]张苗荧."旅游+"视野下江南古镇遗产旅游研究[M].杭州:浙江大学出版社,2017.

[54]叶志良.跨界叙事:戏剧与影视的文化阐释[M].北京:清华大学出版社,2014.

[55]王杰文.媒介景观与社会戏剧[M].北京:中国传媒大学出版社,2008.

[56]潘知常,林玮.流行文化[M].南京:江苏教育出版社,2001.

[57]阳芳.旅游演艺企业核心竞争力评价指标体系研究[D].长沙:湖南大学,2013.

[58]汤蓓华.国内旅游演艺的发展环境分析[D].上海:师范大学,2011:22.

[59]田东娜.基于空间视角的大连市乡村旅游研究[D].大连:辽宁师范

大学,2014.

[60]陈颖颖.北京旅游演艺产品开发研究[D].北京:北京第二外国语学院,2009.

[61]郭永昌.上海社会阶层空间错位研究[D].上海:华东师范大学,2007.

[62]吕俊芳.旅游目的地时空错位发展研究——以辽宁省为例[D].大连:辽宁师范大学,2015.

[63]席宇斌.温泉旅游地时空演变特征与可持续发展研究[D].大连:辽宁师范大学,2013.

[64]周宇.文化创意产业发展及其扩散效应研究[D].北京:北京交通大学,2013.

[65]朱彦玲.黑龙江省旅游区位研究[D].秦皇岛:燕山大学,2012.

[66]王慧聪.论文化馆在文化旅游融合发展中的作用——以山东省文化馆系统为例[J].人文天下,2019(19):11—13.

[67]熊元斌,朱静.旅游产业发展环境构造分析[J].经济评论,2006(5):72—77.

[68]罗颖.文化创新:拉动旅游演出产业潜能[J].现代商业,2009(20):60—61.

[69]叶志良.问题与对策:我国旅游演出可持续发展的路径[J].四川旅游学院学报,2020(06):64—69.

[70]吴剑豪.非物质文化遗产旅游开发的价值链协同创新研究[J].三峡大学学报(人文社会科学版),2020,42(06):75—81+114.

[71]彭润华,张钰.文化遗产旅游资源开发与保护行为研究[J].合作经济与科技,2020(21):47—49.

[72]张希月,虞虎.传统文化旅游演出细分市场特征与市场策略[J].企业经济,2019,38(11):63—71.

[73]钱绍见.基于乡村振兴视角下传统文化资源的旅游创新转化研究[J].农村经济与科技,2020,31(18):81—82.

[74]黄丹,王廷信.旅游演艺传播环境评价体系构建及应用研究[J].南京师大学报(社会科学版),2020(05):141—151.

[75]张雁.文旅融合视角下菏泽旅游演艺发展研究[J].菏泽学院学报,2020,42(04):135—138.

[76]孙谦.文旅融合背景下河西走廊旅游演艺的发展研究[J].商讯,2020(23):5—6.

[77]付钰,张维刚,何宇翔.江西省景区旅游演艺发展探析[J].大陆桥

视野,2020(08):41－43.

[78]林孔江.优质旅游内涵式发展探究——以旅游演艺《印象·刘三姐》为例[J].艺海,2020(08):164－165.

[79]周津菁,蒋长朋,吕霖枫.旅游演艺需按文化规律出牌——以渝东南旅游演艺现状为例[J].上海艺术评论,2020(04):11－13.

[80]李俊蓉,何漫妃.丽江旅游演艺产品市场研究——以《丽江千古情》为例[J].明日风尚,2020(16):186－188.

[81]丁美琴.文旅融合背景下的江苏旅游演艺发展研究[J].旅游纵览,2020(15):100－102.

[82]白小琼.文旅演艺的发展现状与优化路径探索[J].四川戏剧,2020(07):167－170.

[83]杨劲松.突出文化内涵创新表现形式 推动旅游演艺高质量发展[N].中国旅游报,2020－07－16(003).

[84]毕剑.旅游演艺:认知、脉络及机理[J].四川师范大学学报(社会科学版),2020,47(04):72－77.

[85]刘利娟.浅谈如何提高旅游演艺品牌竞争力——以《明月千古情》为例[J].河北企业,2020(07):107－108.

[86]付娇娇.体验经济模式下旅游演艺产品的开发探究[J].明日风尚,2020(13):183－184.

[87]马婷婷.文旅深度融合促进甘肃乡村旅游发展[J].旅游纵览,2020(12):151－153＋156.

[88]陈林茜.旅游演艺发展趋势分析[J].艺术评鉴,2020(11):181－184.

[89]毕剑.美好抑或悲哀:旅游演艺的文化真实性研究[J].西北民族大学学报(哲学社会科学版),2020(02):138－146.

[90]韩秋晨.清明上河园景区旅游演艺产品品牌分析[J].商讯,2020(16):12＋14.

[91]何瑛.旅游演艺产业融合发展策略[J].当代旅游,2020,18(14):10－11.

[92]谭艺凡.旅游实景演出可持续发展研究[J].合作经济与科技,2020(10):94－96.

[93]王兴昀.搏击红海 创造蓝海——曲艺旅游演艺正当时[J].曲艺,2020(05):24－25.

[94]田晓雪.审美经济视角下的山水实景演出研究[D].内蒙古大学,2020.

[95]吴峥,王潇钰,马瑜蔓,卢妮妮,尹翔钰.基于互联网信息挖掘的都市戏剧演艺市场现状与趋势分析[J].戏剧之家,2020(10):8－9.

[96]常雪连,罗海英.文旅融合下山西红色旅游演艺优化发展[J].河北旅游职业学院学报,2020,25(01):6－10.

[97]刘可祎,马丁.旅游演艺产品品牌开发与推广[J].学术交流,2020(03):128－133.

[98]张捧.以"影像＋"推动旅游文化发展提升文化自信[J].参花(上),2020(03):72.

[99]盖学瑞,张颖辉.政策推动背景下沈阳故宫清文化实景旅游演艺升级研究[J].辽宁经济职业技术学院.辽宁经济管理干部学院学报,2020(01):17－19.

[100]徐于稀.旅游演艺:文化产业与旅游产业的完美融合[J].文化月刊,2020(01):52－53.

[101]关于加快文化旅游产业高质量发展的意见[N].广西日报,2019－11－22(001).

[102]张琪.北京:演艺、旅游如何融[N].中国文化报,2019－11－16(005).

[103]Danni Zheng,Brent W. Ritchie,Pierre J. Benckendorff,Jigang Bao. The role of cognitive appraisal,emotion and commitment in affecting resident support toward tourism performing arts development[J]. Journal of Sustainable Tourism,2019,27(11).

[104]Zheng,Ritchie,Benckendorff. Segmenting residents based on emotional reactions to tourism performing arts development[J]. Journal of Travel & Tourism Marketing,2019,36(8).

[105]Ying Zhang. An Empirical Study on the Experience Satisfaction of Tourism Performing Arts Project under the Experience Economic Background－－Taking Heyuan City as an Example[P]. Proceedings of the 2017 International Conference on Economics, Finance and Statistics (ICEFS 2017),2017.

[106]Zhou Wen,Huang Xuebin,Zhang Kun. The Research and Development of Sanya Big Tourism Performing Arts Culture Brand Based on the Romantic Show of Sanya[P]. Proceedings of the 7th International Conference on Education, Management, Information and Computer Science (ICEMC 2017),2016.

[107]Seongseop (Sam) Kim,Jin Young Chung,Brian King. Intra－

Asian performing arts tourism – the motivations, intentions, and performance preferences of Japanese visitors[J]. Tourism Recreation Research,2018,43(3).

[108]Hashimoto Hiroyuki. Between Preservation and Tourism: Folk Performing Arts in Contemporary Japan[J]. Asian Folklore Studies,2003, 62(2).

[109] Jang Hye — Won, Choi Byung — Kil. Role of Emotional Responses in Arts Tourism : Focused on Performing Arts Experiences [J]. Journal of Tourism Sciences,2011,35(9).

[110]Francis J. Quinn. Revitalizing a Tourism Area: Saratoga's Performing Arts Center[J]. Cornell Hotel and Restaurant Administration Quarterly,2016,7(4).

[111]Charles C. Lim,Lawrence J. Bendle. Arts tourism in Seoul: tourist — orientated performing arts as a sustainable niche market[J]. Journal of Sustainable Tourism,2012,20(5).

[112]Parehau Richards,Chris Ryan. The Aotearoa Traditional Maori Performing Arts Festival 1972 — 2000. A Case Study of Cultural Event Maturation[J]. Journal of Tourism and Cultural Change,2004,2(2).